El desconcertante amor, perdón y
relevancia del Jesús de la Biblia

ÉL NOS ENTIENDE

Con selecciones de los escritos de

MAX LUCADO

GRUPO NELSON
Desde 1798

Para otros materiales, visítenos en:
gruponelson.com

«Desde el principio, hemos
querido compartir el verdadero
Jesús de la Biblia».

Él nos entiende

Contenido

Parte 3: Esperanza

Parte 4: Activismo y justicia

Introducción

Él nos entiende es un movimiento para volver a introducir a la gente al Jesús de la Biblia, y a lo confuso de su amor y perdón. Creemos que tanto sus palabras, su ejemplo y su vida tienen relevancia en nuestras vidas hoy y nos ofrecen esperanza para vivir un futuro mejor.

Este movimiento comenzó con un grupo diverso de personas apasionadas por el auténtico Jesús de la Biblia. Aunque se ha hablado mucho de él, todavía hay muchas cosas que no se entienden. Pero estamos seguros de que, a medida que la gente lea, aprenda y comprenda claramente por sí misma quién es Jesús, encontrará sabiduría, esperanza y paz como ninguna otra que se ofrece.

No obstante, puedes tener la seguridad de que no somos de «*izquierda*» o «*derecha*» ni de una organización política de ningún tipo. Tampoco estamos afiliados a ninguna iglesia o denominación en particular. Simplemente queremos que todo el mundo entienda al auténtico Jesús tal como se lo describe en la Biblia: el Jesús del perdón radical, la compasión y el amor.

No es difícil deducir que estamos dirigidos por fanáticos y seguidores de Jesús. Personas que creen que fue mucho más que una buena persona y un gran maestro. Y que Jesús es el Hijo de Dios, que vino a la tierra, murió y resucitó, luego regresó al cielo y hoy está vivo.

También hemos incluido muchas voces en nuestro trabajo, con diversos puntos de vista, orígenes y experiencias para ayudarnos a abordar las numerosas preocupaciones y problemas a los que todos nos enfrentamos.

Nuestra esperanza es que veas cómo Jesús experimentó retos y emociones al igual que nosotros. Queremos ofrecer un lugar seguro para hacer preguntas, incluso las más difíciles.

También se trata de compartir la inclusión de Jesús a personas que otros podrían haber excluido. Su mensaje iba dirigido a todos. Y aunque veas a las personas religiosas como hipócritas o sentenciosas, debes saber que Jesús también vio eso y tampoco le gustó. En cambio, Jesús enseñó y ofreció una compasión radical y defendió a los marginados.

Esperamos que este libro te sirva como recurso para responder a las preguntas que tengas sobre Jesús y su amor por cada uno de nosotros. Cada capítulo comienza con el contenido de los colaboradores de *Él nos entiende* y es seguido por un código QR a un video que proporciona una visión moderna sobre el tema. A continuación hemos incluido una selección de escritos del autor de *best sellers del New York Times*, Max Lucado. Sus enseñanzas ofrecen una valiosa visión sobre las respuestas a las preguntas más frecuentes que la gente tiene sobre Jesús. Al final de cada capítulo, encontrarás versículos de las Escrituras que destacan específicamente las respuestas a la pregunta.

En última instancia, queremos que la gente conozca las enseñanzas de Jesús y cómo vivió mientras estuvo en la tierra. Y esto será un punto de partida para entenderlo a él y a su mensaje. Aunque creemos que fue lo que los cristianos llaman totalmente Dios y totalmente hombre, puede que no sea eso lo que tú creas. Simplemente te invitamos a que explores con nosotros en *Él nos entiende* cómo podrían ser las cosas diferentes si más personas siguieran su ejemplo y su mensaje. Así que considera esto como una invitación abierta a participar y aprender más. También estamos aquí para apoyarte y escucharte.

Conéctate con nosotros aquí:

Parte 1

La vida real

Capítulo 1

¿Alguna vez se estresó Jesús?

Escritos de Él nos entiende

Una noche, sintió un estrés agobiante porque sabía que pronto afrontaría el arresto, la tortura y hasta la ejecución. Esto le creó un peso inimaginable.

Como muchos lo hacen cuando están bajo estrés, Jesús se escapó a un lugar tranquilo: un antiguo jardín de olivos en la ladera de una montaña. Trajo consigo algunos amigos para soporte emocional y oración. Desbordados de cansancio, sus amigos no pudieron mantenerse despiertos mientras él le suplicaba a Dios por otro camino. Pero él sabía que no había otra manera de hacerlo: tenía que cargar esta cruz.

Jesús dijo que su alma estaba afligida al punto de la muerte: así es como describió el estrés que sentía. Probablemente sufrió de hematohidrosis, una extraña condición causada por estrés emocional agudo donde las glándulas sudoríficas se rompen, causando que excreten sangre. Claramente, estaba siendo desafiado por lo que estaba afrontando, aun cuando sabía que su muerte demostraría su amor y cambiaría al mundo.

Sus adversarios lo apresaron más tarde esa noche en el jardín. Sin embargo, Jesús encontró la fuerza para enfrentarse a sus acusadores y entregarse voluntariamente y sin violencia, sabiendo que su muerte propagaría todavía más su mensaje de amor radical.

Escritos de Max Lucado

Nuestro mundo está estresado. Jesús lo entiende. Él se enfrentó a los problemas que nosotros afrontamos y algunos mucho más graves de lo que jamás lo haremos. Él nos enseñó cómo afrontar los retos de la vida. Y la clave de lo que enseñó es creer que Dios se interesa por ti. Jesús comienza abordando nuestros sistemas de creencias. Tu sistema de creencias no tiene nada que ver con el color de tu piel, tu apariencia, tus talentos o tu edad. A tu sistema de creencias no le preocupa el exterior de tu tienda, sino el interior. Es el conjunto de convicciones (postes), todos ocultos, del que depende tu fe. Si tu sistema de creencias es sólido, te mantendrás en pie. Si es débil, la tormenta prevalecerá.

La convicción siempre precede a la conducta. Por esto, en cada una de sus epístolas, el apóstol Pablo abordó las convicciones antes de hablar sobre las acciones. Para cambiar la manera en que una persona responde ante la vida, cambia lo que la persona cree sobre la vida. Lo más importante de ti es tu sistema de creencias.

Pablo estaba tan firme como el Gibraltar.

Fíjate bien en los postes de la tienda del apóstol y encontrarás uno con esta inscripción: la soberanía de Dios. Soberanía es el término que usa la Biblia para describir la supervisión y el control perfecto que Dios tiene del universo. Él mantiene y gobierna cada elemento. Él está continuamente involucrado con todas las cosas creadas y las dirige para que actúen en una forma que cumpla su propósito divino.

Entender apropiadamente la soberanía tiene muchísima importancia en el tratamiento de la ansiedad. Muchas veces la ansiedad es consecuencia de nuestra percepción de caos. Si sentimos que somos víctimas de fuerzas invisibles, turbulentas y aleatorias, nos preocupamos.

Los psicólogos comprobaron este hecho luego de estudiar el impacto de combate en soldados de la Segunda Guerra Mundial. Ellos establecieron que, después de sesenta días de combate continuo, los soldados de infantería se sentían «emocionalmente muertos». Esta reacción es comprensible. Estos soldados soportaban la continua amenaza de bombardeos, ametralladoras y francotiradores enemigos. La ansiedad de los soldados de infantería no era una sorpresa.

Sin embargo, la comparativa calma de los pilotos de combate sí lo era. Su tasa de mortalidad en combate estaba entre las más altas. Cincuenta por ciento de ellos moría en acción; no obstante, los pilotos de combate amaban su trabajo. Asombrosamente, un noventa y tres por ciento de ellos aseguraba sentirse feliz en sus misiones, aun cuando la probabilidad de supervivencia era la misma que tirar una moneda al aire.[1]

¿Cuál era la diferencia? Aquellos pilotos tenían su mano en el acelerador. Se sentaban en la cabina. Sentían que ellos decidían su destino.[2] Por el contrario, a los soldados de infantería podían matarlos fácilmente mientras estaban parados o corriendo. Se sentían desamparados e indefensos. La fórmula es sencilla: la percepción de control produce calma. La falta de control origina temor.

No necesitas una guerra para demostrar esta fórmula. Una congestión de tráfico es más que suficiente. Un grupo de investigadores alemanes descubrió que un embotellamiento triplica tus probabilidades de sufrir un ataque cardiaco.[3] Tiene sentido. Una congestión de tráfico es la pérdida de control máxima. Tal vez sepas cómo manejar, ¡pero el tipo en el carril del lado no sabe! Podemos ser los mejores conductores en la historia, pero el adolescente que envía mensajes de texto mientras maneja podría ser nuestro final. No existe la predictibilidad, solo estrés. La ansiedad aumenta conforme disminuye la percepción de control.

Entonces, ¿qué podemos hacer?

¿Controlarlo todo? Nunca abordes un avión sin un paracaídas. Nunca visites un restaurante sin llevar tus utensilios limpios. Nunca salgas de tu casa sin una máscara antigás. Nunca entregues tu corazón por miedo a que te lo rompan. Nunca pises la raya en la acera por miedo a alterar tu suerte. Enfrenta la ansiedad asumiendo el control.

¡Ah, si fuera posible hacerlo!

No obstante, la seguridad es una impostora cruel. Alguien puede acumular millones de dólares y aun así perderlos en una recesión. Un fanático de la salud puede comer solo nueces y vegetales y aun así batallar contra el cáncer. Un ermitaño puede evitar todo contacto humano y aun así luchar contra el insomnio. Queremos seguridad, pero lo único seguro es la falta de ella. Por esto las personas más estresadas son fanáticas del control. No consiguen lo que más persiguen. Cuanto más intentan controlar el mundo, más se percatan de que no pueden. La vida se convierte en un ciclo de ansiedad, fracaso; ansiedad, fracaso; ansiedad, fracaso. No podemos tomar el control porque el control no nos corresponde.

La Biblia tiene una idea mejor. En lugar de buscar control absoluto, renuncia a él. No puedes controlar el mundo, pero sí puedes confiárselo a Dios. Este es el mensaje detrás del consejo de Pablo de «[alegrarse] siempre en el Señor». La paz está al alcance, no por falta de problemas, sino debido a la presencia de un Señor soberano. En lugar de rememorar en letanía el caos del mundo, alégrate en la soberanía del Señor, como hizo Pablo. «Lo que me ha pasado ha contribuido al avance del evangelio. Es más, se ha hecho evidente a toda la guardia del palacio y a todos los demás que estoy encadenado por causa de Cristo» (Filipenses 1:12-13, NVI).

La respuesta de Dios para los tiempos difíciles siempre ha sido la misma: en el cielo hay un trono que está ocupado. Sin duda, este fue el mensaje que Dios le dio al profeta Isaías. Durante el siglo XIII a. C., Judá disfrutaba de un periodo de paz relativa, gracias al liderazgo estable de Uzías, el rey. Uzías distaba mucho de ser perfecto, pero mantuvo a los enemigos a raya. Aunque los adversarios amenazaban desde todos los flancos, la presencia de Uzías mantuvo la frágil sociedad libre de ataques durante cincuenta y dos años.

Y entonces murió Uzías. Isaías, quien había vivido durante el reinado de Uzías, ahora tenía sobradas razones para preocuparse. ¿Qué le ocurriría al pueblo de Judá ahora que Uzías no estaba?

O, en tu caso, ¿qué pasará ahora que perdiste tu empleo? ¿O que estás enfermo? ¿O que la economía va en picada? ¿Tiene Dios un mensaje para su pueblo cuando llega la calamidad?

Él ciertamente tuvo un mensaje para Isaías. El profeta escribió:

El año de la muerte del rey Uzías, vi al Señor excelso y sublime, sentado en un trono; las orlas de su manto llenaban el templo. Por encima de él había serafines, cada uno de los cuales tenía seis alas: con dos de ellas se cubrían el rostro, con dos se cubrían los pies, y con dos volaban. Y se decían el uno al otro:

«Santo, santo, santo es el Señor Todopoderoso;
toda la tierra está llena de su gloria»
(Isaías 6:1–3, nvi).

El trono de Uzías estaba vacío, pero el trono de Dios estaba ocupado. El reinado de Uzías había terminado, pero el de Dios, no. La voz de Uzías estaba en silencio, pero la de Dios se escuchaba fuerte y clara (Isaías 6:8-10). Él estaba, y está, vivo; está en el trono y es digno de adoración eterna.

Dios no aplacó los temores de Isaías haciendo desaparecer el problema, sino revelando su poder divino y su presencia. Míralo de esta manera. Imagínate que tu papá es el cirujano ortopeda más reconocido en todo el mundo. La gente viaja desde países lejanos para que los atienda. Él cambia regularmente articulaciones dañadas por unas saludables. Con la misma seguridad con la que un mecánico cambia bujías, tu papá saca y reemplaza caderas, rodillas y hombros.

A los diez años eres algo joven para comprender los méritos de un cirujano afamado. Pero no eres demasiado joven para caerte por las escaleras y torcerte el tobillo. Te contorsionas en el suelo y gritas pidiendo ayuda. En unas cuantas semanas es tu primer baile escolar. No hay tiempo para muletas. No hay tiempo para cojera.

¡Necesitas un tobillo sano! Y el tuyo es cualquier cosa menos eso.

Y entonces tu papá entra a la habitación, todavía vistiendo su bata de cirujano. Te quita el zapato y tu media y examina la lesión. Te quejas cuando ves un chichón del tamaño de una pelota de tenis. La ansiedad de adolescente entra en acción.

—Papá, ¿volveré a caminar?

—Seguro que sí.

—¡Nadie puede ayudarme!

—Yo puedo.

—¡Nadie sabe qué hacer!

—Yo sé.

—No, no sabes.

Tu papá levanta su cabeza y te hace una pregunta: «¿Sabes a qué me dedico?».

Realmente no sabes. Sabes que todos los días va al hospital. Sabes que la gente lo llama «doctor». Tu mamá piensa que es muy inteligente. Pero tú no sabes realmente a qué se dedica tu papá.

«Bueno, es hora de que lo descubras», te dice mientras coloca una bolsa de hielo en tu tobillo. Cuando sales de la escuela al día siguiente, él te está esperando en el estacionamiento. «Dale, sube. Quiero que conozcas mi trabajo», te dice. Maneja hasta el hospital y te muestra la constelación de diplomas que cuelgan en su oficina. Al lado de ellos, hay toda una colección de premios que incluyen palabras como *distinguido* y *honorable*. Luego te entrega un manual de cirugía ortopédica que tiene su nombre en la portada.

—¿Tú escribiste esto? —le preguntas.

—Sí —te contesta.

Su teléfono celular suena. Después de la llamada, él anuncia: «Vamos al quirófano». Te lavas las manos y lo sigues a la sala de operaciones, caminando con tus muletas. Durante los próximos minutos ves desde un asiento de primera fila una operación de reconstrucción de tobillo. Él es el comandante de la sala de operaciones. Nunca duda ni busca consejo. Simplemente actúa.

Una de las enfermeras te susurra: «¡Tu papá es el mejor!».

Ya de camino a casa aquella tarde, miras a tu papá. Ahora lo ves con otros ojos. Si puede hacer una operación ortopédica, es muy probable que pueda tratar un tobillo hinchado. Así que le preguntas: «¿Crees que voy a estar bien para el baile?».

«Sí, vas a estar bien».

Esta vez sí le crees. Tu ansiedad disminuye conforme aumenta tu comprensión de tu papá.

Esto es lo que pienso: nuestros temores más grandes son tobillos torcidos para Dios.

Y también creo esto: mucha gente vive con ansiedad innecesaria por cojeras temporales.

La próxima vez que le temas al futuro, alégrate en la soberanía del Señor. Alégrate en lo que él ha hecho. Alégrate porque él puede hacer lo que tú eres incapaz de hacer. Llena tu mente con pensamientos de Dios.

«[Él es el] Creador, el cual es bendito por los siglos» (Romanos 1:25, RVR1960).

«[Él] es el mismo ayer, y hoy, y por los siglos» (Hebreos 13:8, RVR1960).

«Tus años no tienen fin» (Salmos 102:27, NVI).

Él es rey, gobernante supremo, monarca absoluto y Señor supremo de toda la historia.

Con solo arquear una ceja, un millón de ángeles se voltearán y le rendirán homenaje. Todos los tronos son una banqueta comparados con el de él. Todas las coronas son papel maché al lado de la de él. No consulta con asesores. No necesita un congreso. No le rinde cuentas a nadie. Él está al mando.

La soberanía de Dios da al santo una pista clara hacia la paz. Otros ven los problemas del mundo y se retuercen las manos. Nosotros vemos los problemas del mundo y doblamos las rodillas.

Referencia bíblica: Romanos 5:6-8

Capítulo 2

¿Qué pensaría Jesús de las madres adolescentes?

Escritos de Él nos entiende

La historia del nacimiento de Jesús es contada todos los años en la época navideña. Es una historia conocida con personajes reconocidos: un establo, un mesonero, una estrella, ángeles, pastores, los sabios, un bebé en un pesebre y una pareja joven.

Jesús nació de una joven adolescente. Una joven que estaba asustada y que estuvo forzada a viajar lejos de su hogar justo antes de dar a luz. Una joven que estaba a merced de un hombre que, en la cultura de la época, podría haberla humillado públicamente o hasta matarla, pero que en cambio la protegió y apoyó. Una joven que dio a luz en un establo porque no tenía a dónde más ir.

La historia de Jesús es también la historia de esa joven. Imagínate como hubiera sido ese momento para ella. El video abajo es un recordatorio que Jesús vino al mundo por medio de una madre humana. Jesús no solo fue un bebé en un pesebre. Su vida no fue un cuento de hadas, fue completamente verdadera. Sus primeros minutos en este mundo fueron como los de cualquiera, llorando en los brazos de su madre. De su madre adolescente.

Escritos de Max Lucado

¿Por qué Dios utilizó a María y a José? No era necesario. Podría haber puesto al Salvador en un umbral. Habría sido más sencillo así. ¿Y por qué nos cuenta Dios sus historias? ¿Por qué nos da Dios todo un testamento de los errores y tropiezos de su pueblo?

Simple. Él sabía lo que tú y yo vimos en las noticias anoche. Sabía que te preocuparías. Sabía que yo me preocuparía. Y quiere que sepamos que cuando el mundo se vuelve loco, él mantiene la calma.

¿Quieres una prueba? Antes de que el Evangelio de Mateo nos hable de María, José y Jesús, Mateo enumeró una larga genealogía. A pesar de todos los halos torcidos que se encuentran en la lista, el último nombre es el primero prometido: Jesús.

«José, que fue el esposo de María, de la cual nació Jesús, llamado el Cristo» (Mateo 1:16, NVI).

Punto. No hay más nombres en la lista. No se necesitan más. Es como si Dios estuviera anunciando a un mundo dubitativo: «Mira, lo hice. Tal como dije que lo haría. El plan tuvo éxito».

La hambruna no pudo matarlo de hambre.

Cuatrocientos años de esclavitud egipcia no pudieron oprimirlo.

La vagancia por el desierto no pudo perderlo.

El cautiverio babilónico no pudo detenerlo.

Los peregrinos con pies de barro no pudieron estropearlo.

La promesa del Mesías se abre paso a través de cuarenta y dos generaciones de piedras talladas, formando un collar digno del Rey que vino. Tal como se prometió.

Y la promesa permanece.

«Pero el que se mantenga firme hasta el fin será salvo», aseguró el hijo de José (Mateo 24:13, NVI).

Referencias bíblicas: Mateo 1:18-25; Lucas 2:7

Capítulo 3

¿Alguna vez estuvo solo Jesús?

Escritos de Él nos entiende

El distanciamiento social. Fue uno de los términos más utilizados durante la *covid-19*. Fue cuando empezamos a utilizar muchos términos que no usábamos regularmente, palabras como *pandemia*, *autoaislamiento* y *cuarentena*. Pero, independientemente de las palabras que usemos para describir nuestros momentos de desasosiego, lo que muchos de nosotros experimentamos fue la soledad. Muchos de nosotros pasamos meses sin ver a nuestros amigos más cercanos y seres queridos, y no sabíamos cuándo llegaría el fin de esta separación.

¿Te preguntas si Jesús alguna vez experimentó tal soledad? Como un hombre que viajó por su tierra natal adquiriendo fama y seguidores, él sabía cómo se sentía estar rodeado de compañía amorosa. Pero al igual que nosotros, él también sabía cómo se sentía perder ese amor sin aviso.

A lo largo de su vida, Jesús vio a miles de sus seguidores alejarse de él. Cuando estaba siendo enjuiciado injustamente, sus amigos más cercanos lo abandonaron por miedo. Mientras esperaba ser ejecutado, estuvo solo. Y en su momento más sombrío, mientras moría en la cruz, Jesús se sintió abandonado.

A medida que empezamos a salir de la pandemia, el impacto del aislamiento permanece. Lo sentimos. Lo vemos en nuestras familias, compañeros de trabajo y amigos. Pero al entender la soledad de Jesús encontramos un recordatorio consolador… que aun en el aislamiento, no estamos solos.

Escritos de Max Lucado

¿Has pensado alguna vez?: *¿Quién me va a querer? Me siento tan viejo. No amado. No deseado. Abandonado. Solo quiero* *llorar y dormir para siempre...* ¿Puedes oírlos? El divorciado. El niño abandonado. El hombre tras una aventura de una noche. La mujer junto a un teléfono silencioso. Los gritos de soledad.

Nadie sabe que estás solo. Por fuera tienes una presentación perfecta. Tu sonrisa es rápida. Tu trabajo es estable. Tu ropa es elegante. Tu cintura es pequeña. Tu agenda está llena. Tu andar es ágil. Tu conversación es impresionante. Pero cuando te miras al espejo, no engañas a nadie. Cuando estás solo, la duplicidad cesa, y el dolor aflora.

O tal vez no intentas ocultarlo. Quizá siempre has estado fuera del círculo, mirando hacia dentro, y todo el mundo lo sabe. Tu conversación es un poco incómoda. Rara vez se solicita tu compañía. Tu ropa es aburrida. Tu aspecto es común. Ziggy es tu héroe y Charlie Brown tu mentor.

¿Te sientes señalado? Si es así, si has asentido o suspirado en señal de comprensión, tengo un mensaje importante para ti.

El grito de soledad más desgarrador de la historia no vino de una viuda o de un paciente. Vino de una colina, de una cruz, de un Mesías. «Jesús clamó en voz fuerte: [...] "Dios mío, Dios mío, ¿por qué me has abandonado?"» (Mateo 27:46).

Pienso en todas las personas que miran hacia el cielo oscuro y gritan: «¡¿Por qué?!». Y me imagino a él escuchando.

Me imagino sus ojos llorosos y una mano limpiando una lágrima. Puede que no ofrezca ninguna respuesta, puede que no resuelva ningún dilema, pero él, que también estuvo una vez solo, ¡él te entiende!

Referencias bíblicas: Juan 6:60-71; Mateo 26:69-75

Capítulo 4

¿Puedo juzgar sin ser prejuicioso?

Escritos de Él nos entiende

Hay un pasaje que nos hace pensar. Ya sea que leas o no la Biblia, seguramente lo conoces. «No juzguen para que no sean juzgados» (Mateo 7:1, NBLA). Jesús dice esto casi al final de uno de sus sermones más famosos. Estaba reprendiendo la hipocresía de señalar las faltas de otros cuando todos tenemos nuestras propias faltas que corregir.

Pero ¿es realista nunca juzgar a nadie? Hay momentos cuando juzgar es necesario. Cuando aplicamos a un empleo, es natural pensar, *¿quiero trabajar para esta persona?*

Cuando conozco a alguien que me atrae, *¿le invito a salir?* Cuando necesito sincerarme con alguien, *¿en quién confío como amigo?* Con solo pasar unos minutos en Internet, nos damos cuenta de que el mundo está basado en reseñas. Desde doctores hasta hoteles y desde restaurantes hasta paseadores de perros, muchos negocios sobreviven o no por el número de estrellas junto a su nombre. Una evaluación honesta de los demás es necesaria para una sociedad segura y funcional.

Sin embargo, una evaluación honesta es diferente al juicio que Jesús se refiere. El juzgar al que se refiere viene de un lugar diferente. Viene de nuestro ego, de buscar elevarnos a nosotros mismos menospreciando a los demás. O tratamos de justificar nuestra propia mala conducta etiquetando como peor la de alguien más. A veces, los prejuicios y rencores afectan la manera en que vemos y tratamos a los demás.

Con eso en mente, Jesús nos pidió que dejáramos de buscar los defectos en los demás y que viéramos dentro de nosotros mismos y examináramos profundamente nuestros corazones y motivos. No es algo cómodo de hacer. Pero he aquí por qué es tan importante hacerlo: Jesús sabía que al enfocarnos en nuestras propias faltas y debilidades, podríamos volvernos más empáticos hacia los demás. Reconoceríamos que, al igual que nosotros, cada persona tiene sus retos y luchas con las que podemos identificarnos. Y así es como el amor radical de Jesús es demostrado hoy en día. Al reconocer nuestros propios defectos, todos podemos volvernos un poco más misericordiosos, un poco más pacientes y un poco más amorosos los unos con los otros.

Escritos de Max Lucado

Las personas que juzgan se preguntan: «¿Por qué ocuparme de mis errores cuando puedo centrarme en los de los demás?».

Pueden convencerse a sí mismas pensando: *puedo ser malo, pero mientras pueda encontrar a alguien peor, estoy a salvo.* Alimentan su propia bondad señalando los fracasos de los demás. Son los preferidos de la maestra en la escuela primaria. Se mofan de las malas calificaciones de los demás, ignorando sus propias calificaciones. Son los vigilantes del vecindario, que quieren que los demás hagan las cosas debidamente, sin apercibirse de la basura que hay en sus propios jardines.

«Vamos, Dios, déjame mostrarte las malas acciones de mi vecino», invitan los moralistas. Pero Dios no los sigue a ese valle. «Por lo cual no tienes excusa […] quienquiera *que seas tú* que juzgas, pues al juzgar a otro, a ti mismo te condenas, porque tú que juzgas practicas las mismas cosas» (Romanos 2:1, NBLA). Es una táctica superficial, y Dios no caerá en ella.

Una cosa es tener una convicción y otra es condenar a una persona. Pablo dijo en Romanos 2:2: «Sabemos que el juicio de Dios justamente cae sobre los que practican tales cosas» (NBLA).

Es importante reconocer la diferencia entre las evaluaciones honestas y los juicios; ahí es donde surgen la mayoría de los conceptos erróneos. Debes saber que no eres un pecador por haber juzgado a alguien. Aceptémoslo, todos lo hacemos más de lo que nos gustaría admitir, pero es parte de nuestra constitución.

La Biblia habla del pecado, de cómo erramos al blanco de Dios y de su naturaleza santa. Vemos los efectos devastadores del pecado a nuestro alrededor todos los días. Odiar el pecado es nuestro deber. Pero es la obra de Dios tratar con el pecador. Dios nos ha llamado a despreciar lo que es malo, pero nunca nos ha llamado a despreciar al malhechor. Pero, ¡oh, cómo nos gustaría hacerlo! ¿Hay algún acto más delicioso que juzgar a los demás? Hay algo de petulancia y autosatisfacción en el hecho de dar un golpe de martillo… «¡Culpable!». Juzgar a los demás es una forma rápida y fácil de sentirnos bien con nosotros mismos. Pero ese es el problema. Dios no nos compara con ellos. Ellos no son el estándar. Dios lo es.

Y comparado con él, Pablo argumentó en Romanos 3:12, «No hay quien haga lo bueno» (NBLA).

**Referencias bíblicas: Mateo 7:1;
Lucas 6:37; Juan 7:24**

Parte 2

Lucha

Capítulo 5

¿Vivía Jesús en la pobreza?

Escritos de Él nos entiende

Jesús mostraba una empatía inmensa hacia los pobres y necesitados. ¿Pero por qué? Entonces lo vimos. Él notaba que los pájaros tenían nidos y los zorros cuevas, pero él no tenía dónde reposar cada noche. Su vida fue una vida de sencillez y carencia.

El hombre que rogó a Dios, «Danos hoy el alimento que necesitamos», pasó hambre. El hombre que ofreció «agua viva», irónicamente, conoció la sed.

Su vida no era lujosa ni fácil. Él trabajaba con sus manos. No tenía un clóset lleno de ropa ni una alacena llena de alimentos. Él era un nómada dependiendo de la bondad y generosidad de otros.

Este era el Jesús con el que sabemos que muchos podrían relacionarse. Gente que lucha para pagar la renta. Padres que afrontan el dilema de tener que ir a un trabajo de salario por hora o quedarse en casa con un niño enfermo. Gente muy trabajadora que tiene dos o tres trabajos solo para poder llenar el tanque de gasolina y sus refrigeradores.

El cansancio, la incertidumbre y la lucha son todas cosas que hoy en día nosotros y el Jesús de hace dos mil años tenemos en común.

Escritos de Max Lucado

Un hombre ordinario. Un lugar ordinario. Pero un conducto de gracia extraordinaria. Y en la historia de Dios, lo ordinario importa.

Jesús era un bebé común y corriente. No hay nada en la historia que implique que levitó sobre el pesebre o salió caminando del establo. Todo lo contrario. Él «habitó entre nosotros» (Juan 1:14, RVR1960). La palabra usada en Juan para «*habitó*» tiene su origen en «*tabernáculo*» o «*tienda*». Jesús no se separó de su creación, sino que montó su tienda en el barrio.

La Palabra de Dios entró en el mundo a través del llanto de un bebé. Su familia no tenía dinero ni contactos ni hilos que mover. Jesús, el Creador del universo, el que inventó el tiempo y creó el aliento, nació en un pueblo tan lleno de gente que tuvieron que dar a luz al niño literalmente en un establo.

Entra en el establo y acuna en tus brazos al niño Jesús, todavía húmedo de haber nacido, apenas envuelto con un trapo. Pasa un dedo por su mejilla regordeta, y escucha cómo alguien que le conocía bien pone letra al acontecimiento: «En el principio era el Verbo» (Juan 1:1, RVR1960).

Las palabras «En el principio» nos llevan al principio. «En el principio creó Dios los cielos y la tierra» (Génesis 1:1, RVR1960). El bebé que María tenía en sus brazos estaba conectado con el amanecer de los tiempos. Vio el primer rayo de sol y oyó el primer sonido de una ola. El bebé nació, pero el Verbo nunca nació.

«Por medio de quien todas las cosas fueron creadas» (1 Corintios 8:6). No por él, sino por medio de él. Jesús no creó el mundo con materia prima que encontró. Él creó todas las cosas de la nada. Él luchó igual que nosotros.

Experimentó las mismas dificultades físicas de hambre, dolor y agotamiento. Experimentó los mismos problemas y preocupaciones financieras. Él entiende nuestras luchas por causa de sus propias luchas.

Referencias bíblicas: Mateo 8:20; Juan 14: 1-3

Capítulo 6

¿Por qué
lloraba Jesús?

Escritos de Él nos entiende

Somos personas, al igual que tú. Estos últimos años, parti-
cularmente, nos han afectado a cada uno de nosotros. Nos
hemos sentido solos. Nos hemos sentido atrapados y con
miedo. Hemos perdido a seres queridos. ¿Cuáles de las
enseñanzas de Jesús harían que algo de todo eso se sintie-
ra mejor? ¿Qué pudo haber dicho él para dar consuelo o
esperanza? La verdad es que cuando sus amigos más cercanos perdían a alguien a quien amaban, él no decía nada.

Él lloró. A veces, simplemente estar allí y lamentarse con alguien es todo lo que podemos hacer.

Escritos de Max Lucado

Sobre el monte Calvario, Jesús exclamó a gran voz y murió. Entonces el velo del templo se partió en dos pedazos, de arriba hacia abajo. ¿Qué comunicaban mil quinientos años de santidad envuelta en una cortina? Algo simple: Dios es santo.

Dios es santo, separado de nosotros e inaccesible. Incluso a Moisés se le dijo: «No podrás ver directamente mi rostro, porque nadie puede verme y seguir con vida» (Éxodo 33:20). Dios es santo, y nosotros somos pecadores, y hay una gran distancia entre nosotros. Pero Jesús no nos ha dejado con un Dios inaccesible. «Porque hay un solo Dios, y un solo mediador entre Dios y los hombres, Jesucristo hombre» (1 Timoteo 2:5, RVR1960).

Cuando la carne de Jesús se desgarró en la cruz, el velo se partió en dos. Sin dudarlo, somos bienvenidos a la presencia de Dios, en cualquier día y en cualquier momento. La barrera del pecado se partió. Ya no hay velo.

Pero tenemos la tendencia de volver a poner la barrera. Aunque no hay un velo en un templo, hay un velo en el corazón. Y a veces, no, muchas veces, permitimos que nuestros errores creen una barrera que nos aleja de Dios. Una conciencia culpable se convierte en un velo que nos separa de Dios.

Referencia bíblica: Juan 11:32-37

Capítulo 7

¿Lamentó Jesús?

Escritos de Él nos entiende

A medida que las restricciones de la pandemia se iban levantando y el mundo aparentaba volver a cierta normalidad (lo que sea que eso signifique), el equipo de *Él nos entiende* platicó sobre el impacto que tuvo la *covid-19* sobre nosotros. Acordamos que algunos de los cambios que creó fueron positivos, por ejemplo, la realineación de nuestras prioridades y el equilibrio entre la vida personal y laboral. Pero también nos dimos cuenta de que no podíamos comprender la pena, el dolor y la angustia que millones atravesaron al perder a seres queridos, amigos y compañeros de trabajo.

Miles murieron aislados sin nadie a su lado. Ahora sumémosle a eso los cuidadores que arriesgaron su salud y sus vidas para atender a quienes sufrían, y el dolor se vuelve incalculable. Esto fue una catástrofe mundial, pero se vivió a nivel individual. Estas pérdidas fueron personales. Afectaron directamente a nuestras almas. La pandemia incluso hizo que muchos cuestionaran la existencia de un Dios o se preguntaran cómo un ser que es todo amor y todopoderoso podía permitir que esto sucediera. Son preguntas difíciles. Y honestamente, no tratamos de formular ninguna respuesta. Las crisis siempre van a conducir a algunos hacia la fe y a otros hacia el escepticismo.

Pero a través del diálogo, eventualmente reconocimos que Jesús, un hombre que vivió hace dos mil años, también entendía el nivel de tristeza que muchos de nosotros, nuestras familias y nuestros amigos sentimos en ese entonces o que todavía sentimos hoy. Cuando Jesús recibió la noticia de que su primo, Juan el Bautista, había sido ejecutado por el rey Herodes, partió en una barca y huyó al desierto para estar solo y lamentarse. El Nuevo Testamento menciona esto en un solo versículo, pero nos imaginamos que su tristeza era profunda, insoportable y muy real.

Cuando Jesús escuchó la noticia de la muerte de su buen amigo, Lázaro, lloró. Es el versículo más corto de la Biblia, sin embargo, es probablemente el más revelador.

«Jesús lloró» (Juan 11:35, NBLA). Tenemos bastante certeza de que había más. En su crucifixión, hay mención de su madre, María, pero no hay mención de José. Podemos asumir que había sufrido la pérdida de una figura paterna amada.

Todo esto nos llevó a buscar imágenes lo suficientemente poderosas para reflejar ese sufrimiento. Nuestras ideas estaban solo en papel, así que debe dárseles crédito a los artistas que se basaron en sus experiencias personales para darle vida a este video. Mientras seleccionábamos las escenas, las emociones eran palpables. Se nos llenaron los ojos de lágrimas. Y debemos reconocer la destreza y el talento del editor y los compositores musicales que entretejieron las imágenes y la partitura en un tapiz de belleza solemne.

Esperamos que te conmueva tanto como a nosotros.

Escritos de Max Lucado

El lamento no es evidencia de tener incredulidad. Jesús experimentó el luto. Él lloró. Sus propias lágrimas te dan permiso para derramar las tuyas. El dolor y el luto no significan que no confíes en Dios. Solo significan que eres humano, con emociones humanas. Sin embargo, el miedo a la muerte ha llenado mil prisiones. No puedes ver las paredes. No puedes ver el guardián de la cárcel. No puedes ver las cerraduras. Pero puedes ver a los prisioneros. Puedes verlos mientras se sientan en sus literas y se lamentan de su destino. Quieren vivir, pero no pueden porque están condenados a hacer lo que más quieren evitar: morir. Imagina a Jesús viéndonos en nuestras «prisiones» de miedo:

A Jesús se le hizo un nudo en la garganta mientras caminaba entre los reclusos. Contempló los rostros calcáreos con ojos llorosos. ¿Cuánto tiempo seguirían escuchando las mentiras de Satanás? ¿Cuánto tiempo estarían en la esclavitud? ¿Qué tendría que hacer para convencerlos? ¿No lo había demostrado en Naín? ¿No fue suficiente la resurrección de la hija de Jairo? ¿Cuánto tiempo se encerraría esta gente en esta prisión de miedo creada por el hombre? Él les había mostrado la llave para abrir sus puertas. ¿Por qué no la usaron?

«Muéstrame la tumba».

Le condujeron al lugar de la sepultura de Lázaro. Era una cueva con una piedra colocada en la entrada. Sobre la piedra se tejía la telaraña de la finalidad. «¡Nunca más!», decía la piedra. «Estas manos no se moverán más. Esta lengua no volverá a hablar. Nunca más».

Jesús lloró. No lloró por los muertos sino por los vivos. No lloró por el que estaba en la cueva de la muerte, sino por los que estaban en la cueva del miedo. Lloró por los que, estando vivos, estaban muertos. Lloró por los que, siendo libres, estaban prisioneros, cautivos del miedo a la muerte.

«Quiten la piedra». La orden fue suave pero firme.

«Pero, Jesús, va... va a apestar».

«Quiten la piedra y verán a Dios».

Llamó a Lázaro de la tumba de la muerte. Y nos llama a nosotros a salir de la tumba del lamento, del luto. Las piedras nunca se han interpuesto en el camino de Dios.

**Referencias bíblicas: Mateo 14:6-14;
Juan 11:17-44; Mateo 26:36-46**

Parte 3

Esperanza

Capítulo 8

¿Se divertía Jesús?

Escritos de Él nos entiende

Desde un principio, quisimos compartir al Jesús verdadero. En algún punto, nos dimos cuenta de que, a pesar de nuestro mejor esfuerzo para mostrar una imagen real y completa de él, esa imagen se volvía un poco desbalanceada. No incorrecta sino incompleta. Pasamos tanto tiempo reflexionando sobre temas más fuertes que cuando dimos un paso atrás y vimos el mosaico completo, no pudimos dejar de notar que estábamos mostrando una imagen de Jesús a la que claramente le faltaba alegría.

Este video es una respuesta a eso, algo así como un rebalanceo. Resulta ser que Jesús no desconocía la alegría. Iba a bodas. Comía vivazmente con sus amigos. Bebía con ellos. Se divertía tanto y actuaba de una manera tan libre que, en la mesa, los líderes religiosos estirados lo llamaban glotón y borracho (Mateo 11:19). No se preocupaba por lo que pudiera pasarle a su reputación cuando pasaba tiempo con gente que otros pensaban que era turbia, y siempre fue desinhibido en su búsqueda de compasión y alegría para los demás. Jesús se soltaba, también.

Escritos de Max Lucado

Tengo un dibujo de Jesús sonriendo. Está colgado en la pared frente a mi escritorio.

Es un hermoso dibujo. Tiene la cabeza hacia atrás. Su boca está abierta. Sus ojos brillan. No solo sonríe. No solo se ríe. Está rugiendo. No ha oído ni visto algo así en mucho tiempo. Le cuesta recuperar el aliento.

Me lo regaló un sacerdote episcopal que lleva puros en el bolsillo y colecciona retratos de Jesús sonriendo. «Se los doy a cualquiera que se sienta inclinado a tomar a Dios muy en serio», me explicó al entregarme el regalo.

Me caló muy bien.

No soy de los que se imaginan fácilmente a un Dios sonriente. Un Dios que llora, sí. Un Dios enojado, sí. Un Dios poderoso, seguro. ¿Pero un Dios que ríe? Parece muy... muy... muy diferente de lo que Dios debería hacer y ser. Lo que demuestra lo mucho que sé, o no sé, sobre Dios.

¿Qué es lo que creo que Dios estaba haciendo cuando estiró el cuello de la jirafa? ¿Un ejercicio de ingeniería? ¿Qué es lo que creo que tuvo en mente cuando le dijo al avestruz dónde poner la cabeza? ¿Estudiar cavidades? ¿Qué es lo que creo que estaba haciendo cuando diseñó la llamada de apareamiento de un mono? ¿O los ocho tentáculos del pulpo? ¿Y qué cara me imagino que puso cuando Adán vio a Eva por primera vez? ¿Un bostezo?

Difícilmente.

A medida que mi visión mejora y soy capaz de leer sin mis anteojos manchados, estoy viendo que el sentido del humor es quizás la única forma en que Dios nos ha soportado durante tanto tiempo.

¿Está Dios con una sonrisa mientras Moisés hace una segunda mirada a la zarza ardiente que habla?

¿Se sonríe de nuevo cuando Jonás aterriza en la playa, goteando jugos gástricos y oliendo a aliento de ballena?

¿Es una chispa en sus ojos cuando ve a los discípulos alimentar a miles de personas con el almuerzo de un niño?

¿Crees que su cara está inexpresiva cuando habla del hombre con una viga en el ojo que señala la paja en el ojo de un amigo?

¿Puedes imaginarte, con honestidad, a un Jesús sombrío haciendo rebotar a los niños en sus rodillas?

No, creo que Jesús sonrió. Creo que sonreía un poco *a* la gente y mucho *con* la gente. Creo que era el tipo de persona que la gente quería tener cerca. Creo que era el tipo de persona que siempre estaba invitada a la fiesta.

Pensemos, por ejemplo, en las bodas de Caná. A menudo, hablamos de esta boda como el lugar donde Jesús convirtió el agua en vino. ¿Pero por qué fue Jesús a la boda en primer lugar? La respuesta se encuentra en el segundo versículo de Juan 2: «Y también Jesús fue invitado a la boda, con Sus discípulos» (NBLA).

Cuando los novios confeccionaron la lista de invitados, el nombre de Jesús estaba incluido. Y cuando Jesús se presentó con media docena de amigos, la invitación no fue rescindida. Quienquiera que fuera el anfitrión de esta fiesta se alegró de tener a Jesús presente.

«Asegúrate de poner el nombre de Jesús en la lista», podría haber dicho. «Él realmente ilumina una fiesta».

Jesús no fue invitado por ser una celebridad. Todavía no lo era. La invitación no estaba motivada por sus milagros. Todavía no había realizado ninguno. ¿Por qué lo invitaron?

Supongo que les gustaba. ¿Gran cosa? Yo creo que sí. Creo que es significativo que la gente común de un pequeño pueblo disfrutara de estar con Jesús. Creo que es digno de mención que el Todopoderoso no actuara con altanería. El Santo no era más santo que tú. El que lo sabía todo no era un sabelotodo. El que hizo las estrellas no se quedó con la cabeza en ellas. El que poseía todas las cosas de la tierra no se pavoneaba de ellas.

Nunca. Podría haberlo hecho. ¡Oh, cómo podría haberlo hecho!

Pudo haber mencionado las personas importantes que conocía: *¿Te he contado alguna vez cuando Moisés y yo subimos a la montaña?*

Podría haber sido un fanfarrón: *Oye, ¿quieres que te transporte al siglo XX?*

Podría haber sido un sabelotodo: *Sé lo que estás pensando. ¿Quieres que te lo demuestre?*

Podría haber sido pretencioso y arrogante: *Tengo una propiedad en Júpiter...*

Jesús podría haber sido así, pero no lo fue.

Su propósito no era presumir, sino mostrarse. Se esforzaba por ser tan humano como el tipo de la calle. No necesitaba estudiar, pero seguía yendo a la sinagoga. No tenía necesidad de ingresos, pero seguía trabajando en el taller. Había conocido la comunión de los ángeles y había escuchado las arpas del cielo, pero seguía yendo a las fiestas organizadas por los recaudadores de impuestos. Y sobre sus hombros descansaba el reto de redimir la creación, pero aún así se tomó el tiempo de caminar kilómetros para ir a una boda en Caná.

En consecuencia, la gente lo quería. Había quienes se quejaban de sus afirmaciones. Lo llamaron blasfemo, pero nunca lo llamaron fanfarrón. Lo acusaron de herejía, pero nunca de arrogancia. Lo etiquetaron de radical, pero nunca lo llamaron inaccesible.

No hay ningún indicio de que haya utilizado su estatus celestial para beneficio personal. Nunca. No da la impresión de que sus vecinos se hartaran de su altanería y le preguntaran: «Bueno, ¿quién crees que te hizo Dios?».

Su fe lo hacía simpático, no detestable. A Jesús se le acusó de muchas cosas, pero ¿de ser un gruñón, un amargado o un imbécil egocéntrico? No. La gente no refunfuñaba cuando se presentaba. No se escondían cuando entraba en la habitación.

Los llamaba por su nombre.

Escuchaba sus historias.

Respondía a sus preguntas.

Visitaba a sus familiares enfermos y ayudaba a sus amigos enfermos.

Pescó con los pescadores y almorzó con el pequeño y pronunció palabras de afirmación resonantes. Iba a suficientes fiestas como para que se le criticara por juntarse con gente revoltosa y multitudes dudosas.

La gente se sentía atraída por Jesús. Siempre estaba en la lista de invitados. Miles venían a escucharlo. Cientos eligieron seguirlo. Cerraron sus negocios y abandonaron sus carreras para estar con él. Su declaración de intenciones decía: «Yo he venido para que tengan vida, y para que *la* tengan *en* abundancia» (Juan 10:10, NBLA). Jesús era feliz y quiere que nosotros seamos igual.

Cuando los ángeles anunciaron la llegada del Mesías, proclamaron «buenas nuevas de gran gozo» (Lucas 2:10, NBLA), no «malas nuevas de grandes obligaciones».

¿Diría la gente lo mismo de nosotros? ¿De dónde sacamos la idea de que un buen cristiano es un cristiano solemne? ¿Quién inició el rumor de que el signo de un discípulo es una cara larga? ¿Cómo llegamos a crear esa idea de que los verdaderamente dotados son los de corazón pesado?

¿Me permites exponer una opinión que podría levantarte una ceja? ¿Puedo decirte por qué creo que Jesús fue a las bodas de Caná? Creo que fue a la boda para, espera, escúchame, creo que Jesús fue a la boda para divertirse.

Piénsalo. Había sido una temporada dura. Esta boda ocurrió después que él estuvo cuarenta días en el desierto.

Sin comida ni agua. Un enfrentamiento con el diablo. Una semana adiestrando a unos galileos novatos. Un cambio de trabajo. Había dejado su casa. No había sido fácil. Un descanso sería bienvenido. Una buena comida con un buen vino y unos buenos amigos. Bueno, sonaba bastante bien.

Así que se fueron.

Su propósito no era convertir el agua en vino. Eso era un favor para sus amigos.

Su propósito no era mostrar su poder. El anfitrión de la boda ni siquiera sabía lo que hacía Jesús.

Su propósito no era predicar. No hay registro de un sermón.

Esto solo deja una razón. La diversión. Jesús fue a la boda porque le gustaba la gente, le gustaba la comida y, Dios no lo quiera, puede que incluso quisiera hacer girar a la novia alrededor de la pista de baile una o dos veces. (Después de todo, él mismo está planeando una gran boda. Quizá quería practicar).

Jesús era un tipo simpático. Y sus discípulos deberían ser lo mismo. No estoy hablando de libertinaje, embriaguez y adulterio. No estoy apoyando la transigencia, la grosería o la obscenidad. Simplemente estoy haciendo una cruzada por la libertad de disfrutar de un buen chiste, animar una fiesta aburrida y apreciar una velada divertida.

Quizás estos pensamientos te tomen por sorpresa. A mí sí. Hace tiempo que no consideraba a Jesús un amante de las fiestas. Pero lo era. Sus enemigos le acusaban de comer demasiado, beber demasiado y juntarse con la gente equivocada. Debo confesar: hace tiempo que no me acusan de divertirme demasiado. ¿Y tú?

¿Qué tipo de retrato de Jesús cuelga en las paredes de tu mente? ¿Está triste, sombrío, enfadado? ¿Tiene los labios fruncidos? ¿Te está juzgando? Si es así, visualiza al Cristo que ríe en mi pared. He necesitado el recordatorio más veces de las que puedo decir. Jesús se reía. Se divertía. Siempre estaba invitado a la fiesta, porque la gente quería estar cerca de él. No temían su juicio. Sabían que no trataría de cerrar las cosas.

¿Quién podría ser el alma de la fiesta más que aquel que vino a dar vida de gozo y abundancia?

Referencias bíblicas: Juan 2:1-11; Mateo 11:19

Capítulo 9

¿Estaban todos invitados a la mesa de Jesús?

Escritos de Él nos entiende

Estábamos viendo la vida de Jesús para ver quién era en realidad y notamos algo peculiar: pasaba mucho tiempo en la mesa. Muchos de sus mensajes más frecuentemente citados y muchas de sus historias destacadas pasaron mientras comía con otros. Y esos «otros» a la mesa eran un elenco extraordinariamente diverso. Comía con marginados. Pasaba tiempo con la élite religiosa intolerante.

Atendía a gente que había quebrantado toda regla y que era vista como sucia. Cenaba en las mesas de los hombres ricos cuyas riquezas fueron ganadas con mentiras y corrupción. Algunos de esos hombres dejaron sus estilos de vida cómodos para seguirlo. Cruzaba las fronteras raciales para sorpresa de muchos. Invitaba a todos a la mesa. Cuando le preguntaban por qué lo hacía, respondió: «En realidad, yo nací y vine al mundo para dar testimonio de la verdad. Todos los que aman la verdad reconocen que lo que digo es cierto» (Juan 18:37).

Esto era radical en aquel entonces. Nadie era así de inclusivo. Los bienhechores religiosos empezaron a murmurar a sus espaldas. Lo llamaban amigo de los pecadores. Probablemente esto debió haber sido un insulto, pero para Jesús era un elogio. Era amigo de todos. ¿Y qué hacen los amigos? Cenan juntos y comparten sus vidas.

Desconocidos comiendo juntos y haciéndose amigos. Qué concepto tan simple y, sin embargo, estamos seguros de que pondría de cabeza nuestro mundo moderno igual que Jesús puso de cabeza el suyo hace dos mil años. Es por eso que hicimos este video. La división y relaciones dañadas existen en todo lugar. La hipocresía y el juzgar a los demás aumentan cada vez más. Vemos gente que dice ser seguidora de Jesús tomando su invitación abierta y convirtiéndola en un club exclusivo.

El nombre de Jesús ha sido usado para herir y dividir, pero si ven cómo vivía él, verán lo retrógrado que eso es en realidad.

Jesús no era exclusivo. Él era radicalmente inclusivo. ¿Cómo se vería nuestro mundo si eso fuera lo normal? ¿Si los desconocidos se hicieran amigos en la mesa como lo hacían con Jesús?

Escritos de Max Lucado

Cuando lees el relato de Mateo sobre la Última Cena, aflora una verdad extraordinaria. Jesús es la persona que está detrás de todo. Jesús eligió el lugar, determinó el momento y ordenó la comida. «Mi tiempo está cerca; *quiero* celebrar la Pascua en tu casa con Mis discípulos» (Mateo 26:18, NBLA).

Y en la cena, Jesús no era un invitado sino el anfitrión. «… Tomó Jesús el pan… y [*se lo*] dio a sus discípulos». El sujeto de los verbos es el mensaje del evento: «Tomó Jesús… bendijo… partió… dio… » (Mateo 26:26, RVR1960).

Y en la cena, Jesús no es el servido sino el que sirve. Fue Jesús quien, durante la cena, se puso la ropa de siervo y lavó los pies de los discípulos (Juan 13:5).

Jesús era el más ocupado en la mesa. Jesús no es retratado como el que se reclina y recibe, sino como el que sirve y da.

Y todavía lo hace. La Cena del Señor es un regalo para ti. La Cena del Señor es un sacramento,[4] no un sacrificio.[5]

A menudo, pensamos en la cena como una actuación, un momento en el que estamos en el escenario y Dios es el público. Una ceremonia en la que nosotros hacemos el trabajo y él nos mira. No lo hizo con esa intención. Si así fuera, Jesús se habría sentado a la mesa y se habría relajado.[6]

Eso no es lo que hizo. Él, en cambio, cumplió su papel de rabino guiando a sus discípulos en la Pascua. Cumplió su papel de siervo lavándoles los pies. Y cumplió su papel de Salvador concediéndoles el perdón de los pecados.

Él estaba al mando. Estaba en el centro del escenario. Era la persona que estaba detrás de todo y dirigiendo en el momento.

Y todavía lo está.

Te sientas a la mesa del Señor. Es la Cena del Señor lo que comes. Así como Jesús oró por sus discípulos, él intercede ante Dios por nosotros.[7] Cuando recibes una invitación a la mesa, puede que sea un emisario quien te dé la carta, pero es Jesús quien la ha escrito.

Es una invitación sagrada. Un sacramento sagrado que te invita a dejar los quehaceres de la vida y entrar en su esplendor.

Se reúne contigo a la mesa.

Y cuando se parte el pan, Cristo lo parte. Cuando se vierte el vino, Cristo lo vierte. Y cuando tus cargas se alivian, es porque el Rey del delantal se ha acercado.

Piensa en ello la próxima vez que vayas a la mesa.

Una última reflexión.

Lo que ocurre en la tierra es solo una preparación para lo que ocurrirá en el cielo.[8] Así que la próxima vez que el mensajero te llame a la mesa, deja lo que estás haciendo y ve. Sé bendecido y alimentado y, lo más importante, asegúrate de seguir comiendo en su mesa cuando nos llame a casa.

Referencias bíblicas: Marcos 2:13-17; Lucas 19:1-10; Mateo 9:36-38; Lucas 5:31-32

Capítulo 10

¿Le costaba a Jesús ser un ejemplo a seguir?

Escritos de Él nos entiende

Los cristianos creen que Jesús vivió una vida perfecta. Para otros, eso es difícil de creer. Jesús tenía altas expectativas para él mismo y los demás. Enseñó cosas como: ama a tus enemigos, perdona a los que intencionalmente te han perjudicado y no juzgues a los demás. Fácil, en teoría. Pero practicarlo es difícil.

No debió haber sido fácil para él practicar lo que había predicado. Cuando estaba siendo ridiculizado, seguramente, estaba tentado a denigrar a sus acosadores. Cuando fue traicionado por un amigo cercano, pudo haberlo reprimido en público. En última instancia, cuando estaba siendo crucificado, no condenó a sus acusadores ni verdugos. Él los perdonó.

Cuando nos dimos cuenta de lo difícil que debe haber sido, incluso para Jesús, reconocimos que se enfrentó a una presión similar a la que nos enfrentamos hoy en día para ser un buen ejemplo.

Es difícil dar el ejemplo correcto a nuestros hijos o amigos o vecinos. Afortunadamente, hay mucha gente esforzándose por lograrlo y haciendo un excelente trabajo. Tratamos de celebrar a todos aquellos que se esfuerzan por transmitir lo bueno a los demás, de reconocer la alegría de ser un modelo a seguir positivo, al mismo tiempo que reconocemos el reto y esfuerzo que es comportarnos de la mejor manera.

Escritos de Max Lucado

Aparte de la geografía y la cronología, nuestra historia es la misma que la de los discípulos. Nosotros no estábamos en Jerusalén, y no estábamos vivos aquella noche en que

Jesús lavó los pies de sus seguidores. Pero lo que Jesús hizo por ellos, lo sigue haciendo hoy. Sigue limpiando los corazones del pecado.

Juan nos dijo: «Estamos *siendo lavados* de todo pecado por la sangre de Jesús».[9] En otras palabras, *siempre estamos siendo lavados*. El lavado no es una promesa para el futuro, sino una realidad presente. Si una pizca de polvo cae en el alma de un santo, es lavada. Si una mancha de suciedad cae en el corazón de un hijo de Dios, esa suciedad es limpiada. Jesús sigue lavando los pies de sus discípulos. Jesús sigue lavando las manchas. Jesús sigue purificando a su pueblo.

Nuestro Salvador se arrodilla y contempla los actos más oscuros de nuestras vidas. Pero, en lugar de retroceder horrorizado, nos tiende la mano con bondad y nos dice: «Si quieres, yo puedo limpiarte». Y de la cuenca de su gracia, saca una palma llena de misericordia y lava nuestro pecado.

Pero eso no es todo. Porque él vive en nosotros, tú y yo podemos hacer lo mismo. Porque él nos ha perdonado, podemos perdonar a los demás. Porque él tiene un corazón perdonador, nosotros podemos tener un corazón que perdona. Podemos tener un corazón como el suyo.

«Y, dado que yo, su Señor y Maestro, les he lavado los pies, ustedes deben lavarse los pies unos a otros. Les di mi ejemplo para que lo sigan. Hagan lo mismo que yo he hecho con ustedes» (Juan 13:14-15).

Jesús nos lava los pies por dos razones. La primera es para darnos misericordia; la segunda es para darnos un mensaje, y ese mensaje es simplemente este: Jesús ofrece una gracia incondicional y nosotros también debemos ofrecer una gracia incondicional. La misericordia de Cristo precedió a nuestros errores; nuestra misericordia debe preceder a los errores de los demás. Los que estaban en el círculo de Cristo no dudaban de su amor; los que están en nuestros círculos no deben dudar del nuestro.

¿Qué significa tener un corazón como el suyo? Significa arrodillarse como Jesús se arrodilló, tocando las partes mugrientas de las personas con las que estamos atascados y lavar con amabilidad sus faltas de amabilidad. O como escribió Pablo: «… sean amables unos con otros […] perdónense unos a otros, tal como Dios los ha perdonado a ustedes por medio de Cristo» (Efesios 4:32).

La genialidad del ejemplo de Jesús es que el peso de construir puentes recae sobre el fuerte, no sobre el débil. El que es inocente es el que hace el gesto.

¿Y sabes lo que ocurre? La mayoría de las veces, si el que tiene razón se ofrece para lavar los pies al que no la tiene, ambas partes se arrodillan. ¿Acaso no pensamos todos que tenemos razón? De ahí que nos lavemos los pies unos a otros.

Por favor, entiende esto: *Las relaciones no prosperan cuando los culpables sean castigados, sino porque los que han sido perdonados son misericordiosos.*

Sí, Jesús sintió la presión de ser un ejemplo a seguir. Lo sabemos porque él también era humano. Él puede relacionarse con las presiones que nos imponemos a nosotros mismos y que la sociedad impone sobre nuestros hombros. Él nos entiende.

Referencias bíblicas: Juan 13:12-17; Mateo 5:38-40; Lucas 22:47-53

Parte 4

Activismo y justicia

Capítulo 11

¿Cómo lidiaba Jesús con la injusticia?

Escritos de Él nos entiende

No importa lo que pensemos del cristianismo, la mayoría de la gente concuerda en que Jesús dio un muy buen ejemplo de paz y amor. Y no es que tuvo una vida fácil.

Se enfrentó a una controversia insuperable. Muy a menudo, era el blanco de odio injustificado. ¿Cómo ahogó su indignación?

A veces, no lo hizo. Jesús canalizó su enojo en el defender a otros cuando realmente importaba. Cuando vio oportunistas aprovechándose de los pobres, los enfrentó sin dudarlo. Pero él sabía cómo escoger sus batallas. Una vez, un grupo de hombres escupió en la cara de Jesús, le pegó, abofeteó y, sin embargo, Jesús no contratacó.

Hoy en día, es difícil imaginarse cómo pudo tragarse la ira. Todos hemos sentido nuestra sangre hervir cuando la política surge en una conversación y hemos sentido la tentación de atacar en las redes sociales. Parece que cada día nos enfrentamos con algo contra qué pelear. Aunque nuestro enojo muchas veces está justificado, tiene un grave efecto en nuestra habilidad de comunicarnos los unos con los otros. Y honestamente, no se siente bien.

Al contar esta historia, nos recordamos a nosotros mismos que aun cuando alguien prueba nuestra paciencia o nos trolea, tenemos la opción de trascender.

Escritos de Max Lucado

«Levántense, vamos. ¡Miren, el que me traiciona ya está aquí!».[10]

Las palabras fueron pronunciadas sobre Judas. Pero podrían haber sido pronunciadas sobre cualquiera. Podrían haber sido pronunciadas sobre Juan, Pedro o

Santiago. Podrían haber sido pronunciadas sobre Tomás, Andrés o Natanael. Podrían haber sido pronunciadas sobre los soldados romanos, a los líderes judíos. Podrían haber sido pronunciadas sobre Pilato, Herodes o Caifás. Podrían haber sido habladas a todas las personas que lo abandonaron.

Judas lo traicionó. ¿Cuál fue tu motivo, Judas? ¿Por qué lo hiciste? ¿Intentabas llamar su atención? ¿Querías el dinero? ¿Buscabas algo de atención?

La gente también lo hizo. La multitud se volvió contra Jesús. Nos preguntamos quiénes estaban en la multitud. ¿Quiénes eran los espectadores? Mateo acaba de decir que eran personas comunes y corrientes como tú y yo, con facturas que pagar, hijos que criar y trabajos que hacer. Individualmente nunca se habrían puesto en contra de Jesús, pero colectivamente querían matarlo. Ni siquiera la sanidad instantánea de una oreja amputada les hizo cambiar de opinión (Lucas 22:51). Sufrían de ceguera colectiva. Se bloqueaban mutuamente la visión de Jesús.

Cuando hubo que elegir entre salvar el pellejo o salvar a su amigo, optaron por huir. Claro, se quedaron ahí por un rato. Pedro incluso sacó su espada, para arremeter contra el cuello y consiguió un lóbulo de la oreja. Pero su valor fue tan efímero como sus pies. Cuando vieron que Jesús iba a ser arrestado, huyeron.

Los líderes religiosos lo hicieron. No es sorprendente. Sin embargo, es decepcionante. Eran los líderes espirituales de la nación. Los hombres encargados de impartir la bondad. Los modelos de conducta para los niños. Los pastores y maestros bíblicos en la comunidad. «Los principales sacerdotes y todo el Concilio Supremo intentaban encontrar testigos que mintieran acerca de Jesús para poder ejecutarlo».[11] Pinta ese pasaje de negro con injusticia. Pinta el arresto de verde con celos. Pinta esa escena de rojo con sangre inocente.

Y pinta a Pedro en una esquina, porque ahí es donde estaba, sin lugar a donde ir. Atrapado en su propio error. Pedro hizo exactamente lo que había dicho que no haría. Había prometido fervientemente solo horas antes: «Aunque todos te abandonen, yo jamás te abandonaré».[12] Espero que Pedro haya tenido hambre, porque se tiene que haber comido esas palabras.

Todos se volvieron contra Jesús.

Aunque el beso lo dio Judas, la traición la cometieron todos. Todos tomaron un paso, pero nadie tomó una posición. Cuando Jesús salió del huerto, salió solo. El mundo se había vuelto contra él.

Traición. Es un arma que solo se encuentra en manos de alguien a quien amas. Tu enemigo no tiene esa herramienta, pues solo un amigo puede traicionar. La traición es un motín. Es una violación de la confianza, un trabajo interno.

Ojalá fuera un desconocido. Ojalá fuera un ataque al azar. Ojalá fueras una víctima de las circunstancias. Pero no lo eres. Eres víctima de un amigo.

Un beso áspero toca tu mejilla. Se te hace una promesa con los dedos cruzados. Miras a tus amigos, y ellos no miran hacia atrás. Buscas justicia en el sistema judicial. El sistema te mira como un chivo expiatorio.

Te han traicionado. Has sido mordido con el beso de una serpiente. Es más que un rechazo. El rechazo abre una herida; la traición echa la sal. Es más que la soledad. La soledad te deja en el frío; la traición te cierra la puerta. Es más que una burla. La burla clava el cuchillo; la traición lo retuerce. Es más que un insulto. Un insulto ataca tu orgullo; la traición te rompe el corazón.

Mientras busco los sinónimos de la traición, sigo viendo a las víctimas de la misma. Esa carta sin firmar en el correo de ayer que decía: «Mi marido acaba de decirme que tuvo una aventura hace dos años. Me siento muy sola». La llamada telefónica a la casa de la anciana cuyo hijo drogadicto le había quitado el dinero. Mi amigo que trasladó a su familia para aceptar el trabajo prometido que nunca se materializó. La madre soltera cuyo exmarido lleva a su casa a su nueva novia cuando viene a buscar a los niños el fin de semana. La niña de siete años infectada de VIH. Sus palabras fueron: «Estoy enojada con mi madre».

La traición… cuando tu mundo se vuelve contra ti.

La traición… donde hay oportunidad para el amor, hay oportunidad para el daño.

Cuando llega la traición, ¿qué haces? ¿Salir? ¿Enfadarte? ¿Desquitarte? Tienes que lidiar con ello de alguna manera. Veamos cómo lo afrontó Jesús.

Comienza por notar cómo Jesús vio a Judas. Jesús dijo: «Amigo mío, adelante, haz lo que viniste a hacer».[13]

De todos los nombres que yo habría elegido para Judas, ninguno habría sido «amigo». Lo que Judas le hizo a Jesús fue espantosamente injusto. No hay ninguna indicación de que Jesús haya maltratado a Judas. No hay ninguna pista de que Judas haya sido dejado de lado o descuidado. Cuando, durante la Última Cena, Jesús dijo a los discípulos que su traidor estaba sentado a la mesa, no se volvieron unos a otros y susurraron: «Es Judas. Jesús nos dijo que él haría esto».

No lo susurraron porque Jesús nunca lo dijo. Él lo sabía. Él sabía que Judas lo iba a hacer, pero trató al traidor como si fuera fiel.

Es aún más injusto si se tiene en cuenta que la traición fue idea de Judas. Los líderes religiosos no lo buscaron; Judas los buscó a ellos. «¿Cuánto me pagarán por traicionar a Jesús?», preguntó.[14] La traición habría sido más aceptable si los líderes le hubieran hecho la propuesta a Judas, pero no fue así. Él se lo propuso a ellos.

Y el método de Judas... De nuevo, ¿por qué tenía que ser un beso?[15] ¿Y por qué tuvo que llamarlo «Maestro»? Ese es un título de respeto. La incongruencia de sus palabras, hechos y acciones, yo no habría llamado a Judas «amigo». Pero así es exactamente como Jesús lo llamó. ¿Por qué? Jesús podía ver algo que nosotros no podemos. Permíteme explicarlo.

Hubo una vez una persona en nuestro mundo que nos trajo a mi esposa y a mí mucho estrés. Nos llamaba en medio de la noche. Era exigente y despiadada. Nos gritaba en público. Cuando quería algo, lo quería inmediatamente, y lo quería exclusivamente de nosotros. Pero nunca le pedimos que nos dejara en paz. Nunca le dijimos que molestara a otra persona. Nunca intentamos vengarnos. Al fin y al cabo, solo tenía unos meses.

Nos resultaba fácil perdonar el comportamiento de nuestra hija pequeña porque sabíamos que no entendía.

Ahora bien, hay una gran diferencia entre un niño inocente y un Judas intencional. Pero mi historia sigue teniendo un sentido, y es el siguiente: la forma de manejar el comportamiento de una persona es entender la causa del mismo.

Jesús sabía que Judas había sido seducido por un poderoso enemigo. Conocía las artimañas de los susurros de Satanás (él mismo las había escuchado). Sabía lo difícil que era para Judas hacer lo correcto. No justificó lo que hizo Judas. No minimizó el hecho. Tampoco liberó a Judas de su elección. Pero sí miró de frente a su traidor y trató de comprenderlo.

Tal vez no te guste esa idea. Tal vez la idea de perdonar sea poco realista. Tal vez la idea de tratar de entender a los Judas en nuestro mundo es simplemente demasiado graciosa.

Entonces, mi respuesta para ti es una pregunta. ¿Qué sugieres? ¿Guardar enojo resolverá el problema? ¿Dar rienda suelta a la ira eliminará el daño? ¿Sirve de algo el odio?

De nuevo, no estoy minimizando tu dolor ni justificando sus acciones. Lo que digo es que la justicia no llegará a este lado de la eternidad. Y exigir que tu enemigo reciba su parte de dolor será, en el proceso, muy doloroso para ti.

Permíteme recordarte con suavidad, pero con firmeza, algo que sabes, que puedes haber olvidado. La vida no es justa.

Eso no es pesimismo; es un hecho. No es una queja, sino que las cosas son así. No me gusta. A ti tampoco. Queremos que la vida sea justa. Desde que el niño del barrio tuvo una bicicleta y nosotros no, hemos dicho lo mismo: «No es justo». Pero en algún momento alguien tiene que decirnos: «¿Quién te dijo que la vida iba a ser justa?». Dios no lo hizo. Él nunca dijo: «*Si* tienen que enfrentar cualquier tipo de problemas». Él nos dijo: «… *Cuando* tengan que enfrentar cualquier tipo de problemas».[16]

Los problemas son parte del paquete. Las traiciones forman parte de nuestros problemas. No te sorprendas cuando lleguen las traiciones. No busques la equidad, sino mira hacia donde miró Jesús.

Jesús miraba al futuro. Lee sus palabras: «En el futuro verán al Hijo del Hombre» (Mateo 26:64).

Mientras estaba rodeado de enemigos, mantuvo su mente en su Padre. Mientras estaba abandonado en la tierra, mantuvo su corazón en el hogar. «En el futuro verán al Hijo del Hombre sentado en el lugar de poder, a la derecha de Dios, y viniendo en las nubes del cielo».[17]

«Mi reino no es un reino terrenal», dijo Jesús a Pilato. «Mi reino no es de este mundo».[18]

Jesús echó una larga mirada a la patria. Lo suficiente como para contar a sus amigos. «Yo podría pedirle a mi Padre que enviara miles de ángeles».[19] Y verlos allá arriba le dio fuerzas aquí abajo.

Por cierto, sus amigos son tus amigos. La lealtad del Padre hacia Jesús es la lealtad del Padre hacia ti. Cuando te sientas traicionado, recuérdalo. Cuando veas las antorchas y sientas el beso del traidor, recuerda las palabras del Padre: «Nunca te fallaré. Jamás te abandonaré».[20]

Referencias bíblicas: Mateo 5:38-48; Lucas 22:47-53; Marcos 12:13-17

Capítulo 12

¿Cómo sería juzgado Jesús hoy en día?

Escritos de Él nos entiende

Estábamos reflexionando sobre cómo Jesús y sus discípulos eran vistos en su época. Si las autoridades o líderes religiosos los hubieran visto caminando por la calle o pasando el tiempo en la esquina, ¿qué hubieran pensado de ellos? De repente, se nos ocurrió. Hubieran sido vistos como buscapleitos. Y Jesús era su cabecilla. Mateo, uno de sus seguidores, era un judío que en el pasado recaudaba impuestos para los romanos. En esencia, era visto como un traidor sinvergüenza. Algunos discípulos se oponían intensamente a Herodes el Grande. Otros eran vistos como marginados incultos. Eran etiquetados y llamados con varias cosas duras y severas. Pero lo más importante es que seguramente fueran vistos como una amenaza al sistema; lo que quería decir que las personas en el poder y de las clases altas no los querían en sus vecindarios ni sinagogas.

Hoy en día no es muy diferente. Si vemos jóvenes de una raza o cultura distinta vestidos de cierta manera o con un estilo de cabello diferente, frecuentemente los juzgamos de inmediato. Usualmente de forma negativa. Podría hacernos sentir incómodos o incluso antipáticos hacia ellos. Es un prejuicio subconsciente que todos tenemos hacia las personas distintas a nosotros. Ni conocemos al individuo y, sin embargo, ya lo hemos etiquetado.

Jesús no juzgaba a los demás por su apariencia. Él veía sus corazones. Eso significaba llegar a otros fuera de su círculo o de la sociedad convencional para conocerlos individualmente. Fue criticado, incluso ridiculizado, por hacerlo, pero no le importaba porque los amaba a todos, incluso si eso significaba que sería mal juzgado por los amigos que hacía y los compañeros que tenía.

Algo interesante sucedió cuando estábamos produciendo este video. Queríamos usar a gente que pensamos que provocaría inmediatamente que otros las juzgaran. Verás que ninguno de ellos está haciendo nada malo ni ilegal. Tal vez es porque están corriendo por un callejón, andando en patineta, pasando el tiempo en una esquina o saltando una verja, pero los espectadores han sido condicionados por la sociedad a asumir que algo se traen entre manos. Probablemente algo ilegal o criminal.

Fue bastante deliberado el mostrar el prejuicio subconsciente que todos tenemos y que debemos superar si vamos a fomentar confianza, amor y paz entre nosotros.

Escritos de Max Lucado

Supón que tus pecados pasados se hicieran públicos. ¿Supón que estuvieras de pie en un escenario mientras se proyecta detrás de ti una película de cada segundo secreto y egoísta en una pantalla?

¿No te meterías debajo de la alfombra? ¿No pondrías el grito en el cielo para que se apiaden de ti? ¿Y no sentirías solo una fracción de lo que Cristo sintió en la cruz? ¿El gélido desagrado de un Dios que odia el pecado?

Él mismo [Cristo] *cargó nuestros pecados sobre su cuerpo en la cruz* (1 Pedro 2:24).

¿Ves a Cristo en la cruz? Ese es un chismoso colgado ahí. ¿Ves a Jesús? Malversador. Mentiroso. Fanático. ¿Ves al carpintero crucificado? Es un golpeador de mujeres. Adicto al porno y asesino. ¿Ves al niño de Belén? Llámalo por sus otros nombres: Adolfo Hitler, Osama bin Laden y Jeffrey Dahmer.

Probablemente estés pensando: *Espera. No pongas a Cristo con esos malvados. No pongas su nombre en la misma frase con el de ellos.*

No lo hice. Él *lo* hizo. De hecho, hizo más. Más que colocar su nombre en la misma frase, se puso en su lugar. Y en el tuyo. Con las manos abiertas, invitó a Dios: «¡Trátame como los tratarías a ellos!». Y Dios lo hizo. En un acto que rompió el corazón del Padre, pero que honró la santidad del cielo, el juicio purificador del pecado cayó sobre el Hijo de los siglos, sin pecado. Todo lo que la historia había estado construyendo aterrizó en este momento con una frase final.

Detente y escucha. ¿Puedes imaginar el clamor final desde la cruz? El cielo estaba oscuro. Las otras dos víctimas gemían. Las bocas burlonas guardan silencio. Tal vez se oyó un trueno. Tal vez hubo llanto. Tal vez hubo silencio. Entonces Jesús respira profundamente, empuja sus pies hacia abajo en ese clavo romano y grita: «Consumado es» (Juan 19:30, RVR1960).

Jesús no se rindió. Pero no pienses ni por un minuto que no estuvo tentado a hacerlo. Míralo cómo se estremece cuando oye a sus apóstoles discutir y pelearse. Míralo llorar mientras se sienta en la tumba de Lázaro, o escúchalo llorar mientras araña el suelo de Getsemaní.

¿Alguna vez quiso dejarlo? Seguro que sí.

Por eso sus palabras son tan espléndidas.

«¡Consumado es!».

El plan de redención de la humanidad a lo largo de la historia se había cumplido. El mensaje de Dios a los seres humanos estaba terminado. Las obras realizadas por Jesús como hombre en la tierra estaban terminadas. La tarea de seleccionar y formar embajadores estaba terminada. El trabajo estaba terminado. La canción había sido cantada. La sangre había sido derramada. El sacrificio había sido realizado. El aguijón de la muerte había sido eliminado. Todo había terminado. ¿Un grito de derrota? Difícilmente. Si sus manos no hubieran estado sujetas, me atrevo a decir que un puño triunfante habría golpeado el oscuro cielo. No, esto no era un grito de desesperación. Era un grito de culminación. Un grito de victoria. Un grito de plenitud. Sí, incluso un grito de alivio.

El luchador perseveró. Y gracias a Dios que lo hizo. Gracias a Dios que aguantó, porque no puedes lidiar con tus propios pecados. «¡Solo Dios puede perdonar pecados!» (Marcos 2:7). Jesús es «el Cordero de Dios, que quita el pecado del mundo!» (Juan 1:29).

¿Cómo se ocupó Dios de tu deuda?

¿La pasó por alto? Podría haberlo hecho. Podría haber quemado el estado de cuenta. Podría haber ignorado tus cheques sin fondos. ¿Pero un Dios santo haría eso? *¿Podría* un Dios santo hacer eso? No. No sería santo. Además, ¿es así como queremos que Dios dirija su mundo: ignorando nuestro pecado y avalando así nuestra rebelión?

¿Te castigó por tus pecados? De nuevo, podría haberlo hecho. Podría haber tachado tu nombre en el Libro de la Vida y haberte borrado de la faz de la tierra. ¿Pero un Dios amoroso haría eso? *¿Podría* un Dios amoroso hacer eso? Él ama a sus hijos con un amor eterno. No experimentar ninguna condenación en Cristo (Romanos 8:1) significa que tampoco hay separación (Romanos 8:38-39).

¿Y qué hizo? «Dios puso al mundo en paz consigo mismo a través del Mesías, dando al mundo un nuevo comienzo al ofrecer el perdón de los pecados… ¿Cómo? te preguntarás. En Cristo. Dios puso el mal en él, que nunca hizo nada malo, para que nosotros pudiéramos quedar bien con Dios» (2 Corintios 5:19, 21, Traducción libre THE MESSAGE).

La cruz incluyó un «poner sobre sí mismo». Dios puso nuestros males sobre Cristo para poder poner la justicia de Cristo sobre nosotros.

**Referencias bíblicas: Mateo 11:19;
Lucas 5:29-32; Lucas 6:6-11**

Capítulo 13

¿Se enfrentó Jesús a las críticas?

Escritos de Él nos entiende

Vivimos en una era de tendencias sociales e *influencers* que moldean la cultura que nos rodea.

Reflexionar sobre el impacto que tienen las voces de *influencers* encendieron nuestro cerebro y llevaron nuestra atención hacia uno de los *influencers* más famosos de todos los tiempos.

Jesús tenía seguidores, cuando menos. La gente venía a él desde cada rincón para escuchar sus puntos de vista extremos sobre el amor. Esto no es diferente a los miles de suscriptores o seguidores de los que se jactan los *influencers* en las plataformas sociales de hoy en día; y tal como esos *influencers*, a su mensaje no le faltaban opositores. Lo querían bloqueado.

Algunos estudios indican que un sesenta y cuatro por ciento de encuestados creen que la cultura de la cancelación es una amenaza directa a su libertad. Para Jesús, la cultura de la cancelación no ponía en riesgo su libertad. Ponía en riesgo su vida. Sin embargo, dichas amenazas no le impedían comunicar su verdad radical. Esta voluntad de mantener su posición es la convicción que queríamos impregnar en los visuales para este tema. Seleccionamos imágenes que reflejaran la presión de defender tus creencias aun cuando las masas pretenden silenciar tu voz. Un sentimiento que Jesús conocía muy bien.

Escritos de Max Lucado

Los que seguimos a Cristo lo hacemos por la razón de que él ha estado allí…

Ha estado en Belén, vistiendo trapos de establo y oyendo crujir a las ovejas. Lactando leche y temblando de frío. Toda la divinidad contenta con meterse en un cuerpo de dos kilos y dormir en la cena de una vaca. Millones de personas que se enfrentan al frío de los bolsillos vacíos o los temores de un cambio repentino se dirigen a Cristo. ¿Por qué?

Porque él estuvo allí.

Él estuvo en Nazaret, donde cumplía los plazos y pagaba las facturas; en Galilea, donde reclutaba a los subordinados y separaba a los peleadores; en Jerusalén, donde reprimía a los críticos y se enfrentaba a los cínicos.

Nosotros también tenemos nuestros nazarenos: exigencias y plazos. Jesús no fue el último en construir un equipo; los acusadores no desaparecieron con el templo de Jerusalén. ¿Por qué buscar la ayuda de Jesús en tus desafíos? Porque él estuvo allí. En Nazaret, en Galilea, en Jerusalén.

Pero sobre todo, estuvo en la tumba. No como visitante, sino como cadáver. Enterrado entre los cadáveres. Numerado entre los muertos. Corazón silencioso y pulmones vacíos. El cuerpo envuelto y la tumba sellada. El cementerio. Allí fue sepultado.

Tú aun no has estado allí. Pero un día estarás allí. Y ya que un día irás, ¿no necesitas a alguien que conozca la salida?

«... Dios, el Padre de nuestro Señor Jesucristo. Es por su gran misericordia que hemos nacido de nuevo, porque

Dios levantó a Jesucristo de los muertos. Ahora vivimos con gran expectación»; «Destruyó el poder de la muerte e iluminó el camino a la vida y a la inmortalidad por medio de la Buena Noticia» (1 Pedro 1:3; 2 Timoteo 1:10).

Jesús fue constantemente criticado por los demás, pero él nunca les devolvió la crítica. No se enfadó ni se desanimó por lo que los fariseos, los escribas o los no creyentes decían de él. Jesús hizo lo que nos enseñan de niños: *tratar a los demás como quieres que te traten a ti*. La crítica negativa es una distracción del propósito de Dios para tu vida.

Referencias bíblicas: Mateo 23:1-34; Lucas 11:37-52

Capítulo 14

¿Estaba Jesús harto de la política?

Escritos de Él nos entiende

En la época de Jesús, las comunidades estaban profundamente divididas por diferencias implacables en creencias religiosas, posiciones políticas, desigualdad de ingresos, estatus legal y diferencias étnicas. ¿Te suena familiar?

Jesús también vivía en medio de una guerra cultural. Y aunque los sistemas políticos eran diferentes (no eran democracias representativas); la codicia, hipocresía y opresión que diferentes grupos usaban para salirse con la suya eran bastante similares.

Describamos la escena.

Jesús nació en el apogeo del poderío del Imperio romano. Los romanos habían conquistado a la mayoría del mundo conocido e Israel no fue la excepción. A diferencia de otros imperios que habrían intentado desplazar el gobierno y la cultura existente por la suya, los romanos no forzaban sus creencias a los conquistados, siempre y cuando estos mantuvieran sus obligaciones hacia el imperio. Roma instituía un rey cliente (gobierno títere) y exigía tributo (impuestos) de varias maneras. A las familias se les cobraba impuestos por persona, a los agricultores sobre sus cultivos, a los pescadores sobre sus pescas y a los viajeros se les cobraba tarifas para usar los caminos. Y todo esto por encima de los impuestos a los negocios e impuestos religiosos que cobraban los sacerdotes.

En Israel, no existía separación alguna entre las facciones políticas y las religiosas. En aquel entonces, contaban con fariseos y saduceos. Hoy día, contamos con conservadores y liberales.

Los fariseos eran los líderes más religiosamente conservadores. Estos creían que algún día vendría un rey a liberarlos de Roma. Tenían una influencia inmensa sobre los trabajadores pobres, que eran la mayoría y que no contaban con el privilegio de una educación. Controlaban a los mismos por medio de reglas y requerimientos extras, diseñados para forzarlos a adoptar una postura de subyugación.

Los saduceos eran aristócratas adinerados con intereses financieros en el gobierno romano. Estos estaban a cargo del templo y, a diferencia de los fariseos, no creían que vendría un rey a salvarlos. Los saduceos se hicieron ricos imponiendo impuestos y tarifas injustas a la labor de su propia gente y forzando a los pobres a pagar precios exorbitantes para participar en los sacrificios del templo: una parte crítica de su religión.

Además de estos dos grupos, estaban los zelotes. Estos se escondían en las montañas y se resistían violentamente a la ocupación romana. Y, por último, los samaritanos, oprimidos y marginados por sus identidades raciales y étnicas.

Y así, las familias agricultoras, pescadoras y artesanas vivían en un periodo político altamente volátil. Los líderes religiosos autoritarios los detestaban y oprimían; las élites adineradas los estafaban; tenían tensiones raciales y étnicas con sus vecinos, y estallidos esporádicos con el ejército ocupante.

Entonces, ¿dónde estaba Jesús en todo esto? ¿Simpatizaba con las élites religiosas? ¿Con los ricos y poderosos? ¿O empezó un levantamiento para derrocarlos?

Ninguna de las anteriores.

Él fue de pueblo en pueblo, ofreciendo esperanza y una nueva vida, y mostrando una manera diferente de vivir y cambiar al mundo. En lugar de perseguir el poder, el dinero o la autoridad religiosa, compartió una manera amorosa y sacrificial de vivir radicalmente. Eligió no unirse a los planes que otros tenían para afectar el mundo. En cambio, proclamó un mejor camino.

Y por esta razón, cada uno de estos grupos lo veía como una amenaza. Los fariseos veían su movimiento como una afrenta a su autoridad, que revelaba la hipocresía de lo que practicaban. Los saduceos veían a Jesús como una amenaza a su poder y riqueza porque les revelaba sus artimañas para hacer dinero. Los zelotes rechazaban uno de los temas esenciales del movimiento de Jesús: ama a tu enemigo.

Al final, se necesitaron a los tres grupos para que lo mataran. Un zelote (Judas) delató su ubicación a quienes buscaban arrestarlo, los saduceos lo trajeron frente a los romanos para ser ejecutado y cuando estos no encontraron crimen alguno, los fariseos movilizaron al público en favor de la ejecución, forzando la mano del gobierno romano.

¿No es gracioso cómo los adversarios políticos pueden unirse para destruir a un enemigo común que amenaza sus planes? Pero a pesar de todos sus esfuerzos, su ejecución fue solo el principio de un movimiento que continúa impactando al mundo miles de años después. El movimiento de Jesús fue tan impactante porque se resistió activamente y rechazó participar en la política de guerra cultural.

Escritos de Max Lucado

No hay duda de que hemos escuchado anuncios políticos hasta hartarnos. Los republicanos tratando de mantenerse «en el mensaje». Los demócratas intentando que el partido vuelva a centrarse «en el mensaje». Esta frase conlleva la idea de un tema central, puntos importantes, la idea que existimos para fomentar.

Evitar salirse por las tangentes. Apoyarse en los valores fundamentales. Promover implacablemente ideas únicas. Mantenerse centrado el mensaje.

Me he preguntado cómo se comportan los cristianos a la hora de mantenerse en el mensaje. Esa pregunta plantea otra anterior. ¿Cuál es nuestro mensaje? La mayoría de los resultados de búsqueda dirían que el mensaje cristiano es «provida», matrimonio tradicional; más rojo que azul, más conservador que liberal».

Pero ¿es este nuestro mensaje principal? Rememos río arriba hasta los primeros creadores del mensaje cristiano. La historia que los primeros discípulos se morían por contar era esta: la gracia de Jesucristo.

«… A pesar de que estábamos muertos por causa de nuestros pecados, nos dio vida cuando levantó a Cristo de los muertos. (¡Es solo por la gracia de Dios que ustedes han sido salvados!)» […] «Dios los salvó por su gracia cuando creyeron. Ustedes no tienen ningún mérito en eso; es un regalo de Dios» […] «Él nos creó de nuevo en Cristo Jesús, a fin de que hagamos las cosas buenas que preparó para nosotros tiempo atrás» (Efesios 2:5, 8, 10).

Contempla el fruto de la gracia: resucitado por Dios, salvado por Dios, sentado con Dios. Dotados, equipados y comisionados. *Gracia* es la palabra que Dios utiliza para describir su compromiso radical de redimir y restaurar para sí un pueblo con el que reinará para siempre. La gracia lo cambia todo. Estamos espiritualmente vivos. Posicionados en el cielo. Conectados a Dios. Una cartelera de misericordia. Un hijo honrado. Este es el «perdón agresivo que llamamos *gracia*» (Romanos 5:20, Traducción libre THE MESSAGE).

La gracia declara que Dios sabía lo que hacía cuando te creó y se toma muy en serio lo de salvarte para algo fuera de este mundo. La gracia llega donde ningún gobierno puede llegar. La gracia habla de las cuestiones fundamentales: ¿Por qué estamos aquí? ¿Hacia dónde nos dirigimos? ¿Le importa a alguien? La gracia llega al fondo de esta cosa llamada vida.

La gracia. Este es el gran mensaje de la esperanza cristiana, la idea única que aportamos a la conversación social. Centrémonos en esta historia. Demos rienda suelta a nuestros pensamientos más claros sobre esta cuestión: ¿Cómo podemos articular mejor el mayor anuncio de la historia? «De su abundancia, todos hemos recibido una bendición inmerecida tras otra» (Juan 1:16).

Mantengamos convicciones profundas sobre la familia y la práctica de la fe. Pero empecemos y terminemos con la mayor de las esperanzas: «Pues la gracia de Dios ya ha sido revelada, la cual trae salvación a todas las personas» (Tito 2:11). El mensaje del cristianismo que Jesús mismo nos dio es que todo el mundo ha sido quebrantado por el pecado, pero la gracia de Dios, que nos concede lo que en realidad no merecemos, nos cambia y nos llama a compartir su amor con otros que están quebrantados como nosotros.

Referencias bíblicas: Mateo 9:35-38; Lucas 19:10

Guía de referencia de las Escrituras

PARTE 1: LA VIDA REAL

1. ¿Alguna vez se estresó Jesús?

«A la verdad, como éramos incapaces de salvarnos, en el tiempo señalado Cristo murió por los malvados. Difícilmente habrá quien muera por un justo, aunque tal vez haya quien se atreva a morir por una persona buena. Pero Dios demuestra su amor por nosotros en esto: en que cuando todavía éramos pecadores, Cristo murió por nosotros».

Romanos 5:6-8, NVI

2. ¿Qué pensaría Jesús de las madres adolescentes?

«El nacimiento de Jesucristo fue así: Estando desposada María su madre con José, antes que se juntasen, se halló que había concebido del Espíritu Santo. José su marido, como era justo, y no quería infamarla, quiso dejarla secretamente. Y pensando él en esto, he aquí un ángel del Señor le apareció en sueños y le dijo: José, hijo de David, no temas recibir a María tu mujer, porque lo que en ella es engendrado, del Espíritu Santo es. Y dará a luz un hijo, y llamarás su nombre JESÚS, porque él salvará a su pueblo de sus pecados.

Todo esto aconteció para que se cumpliese lo dicho por el Señor por medio del profeta, cuando dijo:

He aquí, una virgen concebirá y dará a luz un hijo,
Y llamarás su nombre Emanuel,

que traducido es: Dios con nosotros.

Y despertando José del sueño, hizo como el ángel del Señor le había mandado, y recibió a su mujer. Pero no la conoció hasta que dio a luz a su hijo primogénito; y le puso por nombre JESÚS».

Mateo 1:18-25, RVR1960

«María dio a luz a su primer hijo varón. Lo envolvió en tiras de tela y lo acostó en un pesebre, porque no había alojamiento disponible para ellos».

Lucas 2:7

3. ¿Alguna vez estuvo solo Jesús?

«Al escucharlo, muchos de sus discípulos exclamaron: "Esta enseñanza es muy difícil; ¿quién puede aceptarla?"

Jesús, muy consciente de que sus discípulos murmuraban por lo que había dicho, les reprochó:

—¿Esto les causa tropiezo? ¿Qué tal si vieran al Hijo del hombre subir adonde antes estaba? El Espíritu da vida; la carne no vale para nada. Las palabras que les he hablado son espíritu y son vida. Sin embargo, hay algunos de ustedes que no creen.

Es que Jesús conocía desde el principio quiénes eran los que no creían y quién era el que iba a traicionarlo. Así que añadió:

—Por esto les dije que nadie puede venir a mí, a menos que se lo haya concedido el Padre.

Desde entonces muchos de sus discípulos le volvieron la espalda y ya no andaban con él. Así que Jesús les preguntó a los doce:

—¿También ustedes quieren marcharse?

—Señor —contestó Simón Pedro—, ¿a quién iremos? Tú tienes palabras de vida eterna. Y nosotros hemos creído, y sabemos que tú eres el Santo de Dios.

—¿No los he escogido yo a ustedes doce? —repuso Jesús—. No obstante, uno de ustedes es un diablo.

Se refería a Judas, hijo de Simón Iscariote, uno de los doce, que iba a traicionarlo».

Juan 6:60-71, NVI

Pedro niega a Jesús y llora amargamente

«Pedro estaba sentado fuera en el patio; y se le acercó una criada, diciendo: Tú también estabas con Jesús el galileo. Mas él negó delante de todos, diciendo: No sé lo que dices. Saliendo él a la puerta, le vio otra, y dijo a los que estaban allí: También este estaba con Jesús el nazareno. Pero él negó otra vez con juramento: No conozco al hombre. Un poco después, acercándose los que por allí estaban, dijeron a Pedro: Verdaderamente también tú eres de ellos, porque aun tu manera de hablar te descubre. Entonces él comenzó a maldecir, y a jurar: No conozco al hombre. Y en seguida cantó el gallo. Entonces Pedro se acordó de las palabras de Jesús, que le había dicho: Antes que cante el gallo, me negarás tres veces. Y saliendo fuera, lloró amargamente».

Mateo 26:69-75, RVR1960

4. ¿Puedo juzgar sin ser prejuicioso?

«No juzguen para que no sean juzgados».

Mateo 7:1, NBLA

«No juzguen, y no se les juzgará. No condenen, y no se les condenará. Perdonen, y se les perdonará».

Lucas 6:37, NVI.

«No juzguen por la apariencia, sino juzguen con juicio justo».

Juan 7:24, NBLA

PARTE 2: LUCHA

5. ¿Vivía Jesús en la pobreza?

«Jesús le dijo: "Los zorros tienen cuevas donde vivir y los pájaros tienen nidos, pero el Hijo del

Hombre no tiene ni siquiera un lugar donde recostar la cabeza"».

Mateo 8:20

«No dejen que el corazón se les llene de angustia; confíen en Dios y confíen también en mí. En el hogar de mi Padre, hay lugar más que suficiente. Si no fuera así, ¿acaso les habría dicho que voy a prepararles un lugar? Cuando todo esté listo, volveré para llevarlos, para que siempre estén conmigo donde yo estoy».

Juan 14:1-3

6. ¿Por qué lloraba Jesús?

«Al llegar María adonde estaba Jesús, cuando lo vio, se arrojó a Sus pies, diciendo: "Señor, si hubieras estado aquí, mi hermano no habría muerto". Y cuando Jesús la vio llorando, y a los judíos que vinieron con ella llorando también, se conmovió profundamente en el espíritu, y se entristeció. "¿Dónde lo pusieron?", preguntó Jesús. "Señor, ven y ve", le dijeron.

Jesús lloró. Por eso los judíos decían: "Miren, cómo lo amaba". Pero algunos de ellos dijeron:

"¿No podía Este, que abrió los ojos del ciego, haber evitado también que *Lázaro* muriera?"».

Juan 11:32-37, NBLA

7. ¿Lamentó Jesús?

«En el cumpleaños de Herodes, la hija de Herodías bailó delante de todos; y tanto le agradó a Herodes que le prometió bajo juramento darle cualquier cosa que pidiera. Instigada por su madre, le pidió: "Dame en una bandeja la cabeza de Juan el Bautista".

El rey se entristeció, pero, a causa de sus juramentos y en atención a los invitados, ordenó que se le concediera la petición, y mandó decapitar a Juan en la cárcel. Llevaron la cabeza en una bandeja y se la dieron a la muchacha, quien se la entregó a su madre. Luego llegaron los discípulos de Juan, recogieron el cuerpo y le dieron sepultura. Después fueron y avisaron a Jesús.

Cuando Jesús recibió la noticia, se retiró él solo en una barca a un lugar solitario. Las multitudes se enteraron y lo siguieron a pie desde los poblados. Cuando Jesús desembarcó y vio a tanta gente, tuvo compasión de ellos y sanó a los que estaban enfermos».

Mateo 14:6-14, NVI

«A su llegada, Jesús se encontró con que Lázaro llevaba ya cuatro días en el sepulcro. Betania estaba cerca de Jerusalén, como a tres kilómetros de distancia, y muchos judíos habían ido a casa de Marta y de María, a darles el pésame por la muerte de su hermano. Cuando Marta supo que Jesús llegaba, fue a su encuentro; pero María se quedó en la casa.

—Señor —le dijo Marta a Jesús—, si hubieras estado aquí, mi hermano no habría muerto. Pero yo sé que aun ahora Dios te dará todo lo que le pidas.

—Tu hermano resucitará —le dijo Jesús.

—Yo sé que resucitará en la resurrección, en el día final —respondió Marta.

Entonces Jesús le dijo:

—Yo soy la resurrección y la vida. El que cree en mí vivirá, aunque muera; y todo el que vive y cree en mí no morirá jamás. ¿Crees esto?

—Sí, Señor; yo creo que tú eres el Cristo, el Hijo de Dios, el que había de venir al mundo.

Dicho esto, Marta regresó a la casa y, llamando a su hermana María, le dijo en privado:

—El Maestro está aquí y te llama.

Cuando María oyó esto, se levantó rápidamente y fue a su encuentro. Jesús aún no había entrado en el pueblo, sino que todavía estaba en el lugar donde Marta se había encontrado con él. Los judíos que habían estado con María en la casa, dándole el pésame, al ver que se había levantado y había salido de prisa, la siguieron, pensando que iba al sepulcro a llorar.

Cuando María llegó adonde estaba Jesús y lo vio, se arrojó a sus pies y le dijo:

—Señor, si hubieras estado aquí, mi hermano no habría muerto.

Al ver llorar a María y a los judíos que la habían acompañado, Jesús se turbó y se conmovió profundamente.

—¿Dónde lo han puesto? —preguntó.

—Ven a verlo, Señor —le respondieron.

Jesús lloró.

—¡Miren cuánto lo quería! —dijeron los judíos.

Pero algunos de ellos comentaban:

—Este, que le abrió los ojos al ciego, ¿no podría haber impedido que Lázaro muriera?

Conmovido una vez más, Jesús se acercó al sepulcro. Era una cueva cuya entrada estaba tapada con una piedra.

—Quiten la piedra —ordenó Jesús.

Marta, la hermana del difunto, objetó:

—Señor, ya debe oler mal, pues lleva cuatro días allí.

—¿No te dije que si crees verás la gloria de Dios? —le contestó Jesús.

Entonces quitaron la piedra. Jesús, alzando la vista, dijo:

—Padre, te doy gracias porque me has escuchado. Ya sabía yo que siempre me escuchas, pero lo dije por la gente que está aquí presente, para que crean que tú me enviaste.

Dicho esto, gritó con todas sus fuerzas:

—¡Lázaro, sal fuera!

El muerto salió, con vendas en las manos y en los pies, y el rostro cubierto con un sudario.

—Quítenle las vendas y dejen que se vaya —les dijo Jesús».

Juan 11:17-44, NVI

La oración en el huerto

«Entonces Jesús fue con ellos al huerto de olivos llamado Getsemaní y dijo: "Siéntense aquí mientras voy allí para orar". Se llevó a Pedro y a los hijos de Zebedeo, Santiago y Juan, y comenzó a afligirse y angustiarse. Les dijo: "Mi alma está destrozada de tanta tristeza, hasta el punto de la muerte. Quédense aquí y velen conmigo".

Él se adelantó un poco más y se inclinó rostro en tierra mientras oraba: "¡Padre mío! Si es posible, que pase de mí esta copa de sufrimiento. Sin embargo, quiero que se haga tu voluntad, no la mía".

Luego volvió a los discípulos y los encontró dormidos. Le dijo a Pedro: "¿No pudieron velar conmigo ni siquiera una hora? Velen y oren para que no cedan ante la tentación, porque el espíritu está dispuesto, pero el cuerpo es débil".

Entonces Jesús los dejó por segunda vez y oró: "¡Padre mío! Si no es posible que pase esta copa a menos que yo la beba, entonces hágase tu voluntad". Cuando regresó de nuevo adonde estaban ellos, los encontró dormidos porque no podían mantener los ojos abiertos.

Así que se fue a orar por tercera vez y repitió lo mismo. Luego se acercó a sus discípulos y les dijo: "¡Adelante, duerman y descansen! Pero miren, ha llegado la hora y el Hijo del Hombre es traicionado y entregado en manos de pecadores. Levántense, vamos. ¡Miren, el que me traiciona ya está aquí!"».

Mateo 26:36-46

PARTE 3: ESPERANZA

8. ¿Se divertía Jesús?

«Al tercer día se hicieron unas bodas en Caná de Galilea; y estaba allí la madre de Jesús. Y fueron también invitados a las bodas Jesús y sus discípulos. Y faltando el vino, la madre de Jesús le dijo: No tienen vino. Jesús le dijo: ¿Qué tienes conmigo, mujer? Aún no ha venido mi hora. Su madre dijo a los que servían: Haced todo lo que os dijere. Y estaban allí seis tinajas de piedra para agua, conforme al rito de la purificación de los judíos, en cada una de las cuales cabían dos o tres cántaros. Jesús les dijo: Llenad estas tinajas de agua. Y las llenaron hasta arriba. Entonces les dijo: Sacad ahora, y llevadlo al maestresala. Y se lo llevaron. Cuando el maestresala probó el agua hecha vino, sin saber él de dónde era, aunque lo sabían los sirvientes que habían sacado el agua, llamó al esposo, y le dijo: Todo hombre sirve primero el buen vino, y cuando ya han bebido mucho, entonces el inferior; mas tú has reservado el buen vino hasta ahora. Este principio de señales hizo Jesús en Caná de Galilea, y manifestó su gloria; y sus discípulos creyeron en él».

Juan 2:1-11, RVR1960

«El Hijo del Hombre, por su parte, festeja y bebe, y ustedes dicen: "¡Es un glotón y un borracho y es amigo de cobradores de impuestos y de otros pecadores!". Pero la sabiduría demuestra estar en lo cierto por medio de sus resultados».

Mateo 11:19

9. ¿Estaban todos invitados a la mesa de Jesús?

Mateo, el recaudador de impuestos

«Después volvió a salir al mar; y toda la gente venía a él, y les enseñaba. Y al pasar, vio a Leví hijo de Alfeo, sentado al banco de los tributos públicos, y le dijo: Sígueme. Y levantándose, le siguió. Aconteció que estando Jesús a la mesa en casa de él, muchos publicanos y pecadores estaban también a la mesa juntamente con Jesús y sus discípulos; porque había muchos que le habían seguido. Y los escribas y los fariseos, viéndole comer con los publicanos y con los pecadores, dijeron a los discípulos: ¿Qué es esto, que él come y bebe con los publicanos y pecadores? Al oír esto Jesús, les dijo: Los sanos no tienen necesidad de médico, sino los enfermos. No he venido a llamar a justos, sino a pecadores».

Marcos 2:13-17, RVR1960

Zaqueo el recaudador de impuestos

«Cuando Jesús entró en Jericó, pasaba por la ciudad. Y un hombre llamado Zaqueo, que era jefe de los recaudadores de impuestos y era rico, trataba de ver quién era Jesús, pero no podía a causa de la multitud, ya que Zaqueo era de pequeña estatura. Corriendo delante, se subió a un árbol sicómoro y así lo podría ver, porque Jesús estaba a punto de pasar por allí.

Cuando Jesús llegó al lugar, miró hacia arriba y le dijo: "Zaqueo, date prisa y desciende, porque hoy debo quedarme en tu casa". Entonces él se apresuró a descender y lo recibió con gozo. Al ver *esto*, todos murmuraban: "Ha ido a hospedarse con un hombre pecador".

Pero Zaqueo, puesto en pie, dijo a Jesús: "Señor, la mitad de mis bienes daré a los pobres, y si en algo he defraudado a alguien, *se lo* restituiré cuadruplicado". "Hoy ha venido la salvación a esta casa", le dijo Jesús, "ya que él también es hijo de Abraham; porque el Hijo del Hombre ha venido a buscar y a salvar lo que se había perdido"».

Lucas 19:1-10, NBLA

«Cuando vio a las multitudes, les tuvo compasión, porque estaban confundidas y desamparadas, como ovejas sin pastor. A sus discípulos les dijo: "La cosecha es grande, pero los obreros son pocos. Así que oren al Señor que está a cargo de la cosecha; pídanle que envíe más obreros a sus campos"».

Mateo 9:36-38

«Jesús les contestó: "La gente sana no necesita médico, los enfermos sí. No he venido a llamar a los que se creen justos, sino a los que saben que son pecadores y necesitan arrepentirse"».

Lucas 5:31-32

10. ¿Le costaba a Jesús ser un ejemplo a seguir?

«Después de lavarles los pies, se puso otra vez el manto, se sentó y preguntó:

—¿Entienden lo que acabo de hacer? Ustedes me llaman "Maestro" y "Señor" y tienen razón, porque es lo que soy. Y, dado que yo, su Señor y Maestro, les he lavado los pies, ustedes deben lavarse los pies unos a otros. Les di mi ejemplo para que lo sigan. Hagan lo mismo que yo he hecho con ustedes. Les digo la verdad, los esclavos no son superiores a su amo ni el mensajero es más importante que quien envía el mensaje. Ahora que saben estas cosas, Dios los bendecirá por hacerlas».

Juan 13:12-17

«Ustedes han oído que se dijo: "Ojo por ojo y diente por diente". Pero yo les digo: No resistan al que les haga mal. Si alguien te da una bofetada en la mejilla derecha, vuélvele también la otra. Si alguien te pone pleito para quitarte la camisa, déjale también la capa».

Mateo 5:38-40, NVI

Traición y arresto en Getsemaní

«Mientras todavía estaba Él hablando, *llegó* una multitud, y el que se llamaba Judas, uno de los doce *apóstoles*, iba delante de ellos, y se acercó para besar a Jesús. Pero Jesús le dijo: "Judas, ¿con un beso entregas al Hijo del Hombre?". Cuando los que rodeaban a Jesús vieron lo que iba a suceder, dijeron: "Señor, ¿heriremos a espada?".

Y uno de ellos hirió al siervo del sumo sacerdote y le cortó la oreja derecha. Pero Jesús dijo: "¡Deténganse! Basta de esto". Y tocando la oreja *al siervo*, lo sanó. Entonces Jesús dijo a los principales sacerdotes, a los oficiales del templo y a los ancianos que habían venido contra Él: "¿Cómo contra un ladrón han salido con espadas y palos? Cuando estaba con ustedes cada día en el templo, no me echaron mano; pero esta hora y el poder de las tinieblas son de ustedes"».

Lucas 22:47-53, NBLA

PARTE 4: ACTIVISMO Y JUSTICIA

11. ¿Cómo lidiaba Jesús con la injusticia?

Ojo por ojo

«Ustedes han oído que se dijo: "Ojo por ojo y diente por diente". Pero yo les digo: No resistan al que les haga mal. Si alguien te da una bofetada en la mejilla derecha, vuélvele también la otra. Si alguien te pone pleito para quitarte la camisa, déjale también la capa. Si alguien te obliga a llevarle la carga un kilómetro, llévasela dos. Al que te pida, dale; y al que quiera tomar de ti prestado, no le vuelvas la espalda».

Amor por los enemigos

«Ustedes han oído que se dijo: "Ama a tu prójimo y odia a tu enemigo". Pero yo les digo: Amen a sus enemigos y oren por quienes los persiguen, para que sean hijos de su Padre que está en el cielo. Él hace que salga el sol sobre malos y buenos, y que llueva sobre justos e injustos. Si ustedes aman solamente a quienes los aman, ¿qué recompensa recibirán? ¿Acaso no hacen eso hasta los recaudadores de impuestos? Y, si saludan a sus hermanos solamente, ¿qué de más hacen ustedes? ¿Acaso no hacen esto hasta los gentiles? Por tanto, sean perfectos, así como su Padre celestial es perfecto».

Mateo 5:38-48, NVI

Traición y arresto en Getsemaní

«Todavía estaba hablando Jesús cuando se apareció una turba, y al frente iba uno de los doce, el que se llamaba Judas. Este se acercó a Jesús para besarlo, pero Jesús le preguntó:

—Judas, ¿con un beso traicionas al Hijo del hombre?

Los discípulos que lo rodeaban, al darse cuenta de lo que pasaba, dijeron:

—Señor, ¿atacamos con la espada?

Y uno de ellos hirió al siervo del sumo sacerdote, cortándole la oreja derecha.

—¡Déjenlos! —ordenó Jesús.

Entonces le tocó la oreja al hombre, y lo sanó. Luego dijo a los jefes de los sacerdotes, a los capitanes del templo y a los ancianos, que habían venido a prenderlo:

—¿Acaso soy un bandido, para que vengan contra mí con espadas y palos? Todos los días estaba con ustedes en el templo, y no se atrevieron a ponerme las manos encima. Pero ya ha llegado la hora de ustedes, cuando reinan las tinieblas».

Lucas 22:47-53, NVI

El pago del impuesto imperial al César

«Luego enviaron a Jesús algunos de los fariseos y de los herodianos para tenderle una trampa con sus mismas palabras. Al llegar le dijeron:

—Maestro, sabemos que eres un hombre íntegro. No te dejas influir por nadie porque no te fijas en las apariencias, sino que de verdad enseñas el camino de Dios. ¿Está permitido pagar impuestos al césar o no? ¿Debemos pagar o no?

Pero Jesús, sabiendo que fingían, les replicó:

—¿Por qué me tienden trampas? Tráiganme una moneda romana para verla.

Le llevaron la moneda, y él les preguntó:

—¿De quién son esta imagen y esta inscripción?

—Del césar —contestaron.

—Denle, pues, al césar lo que es del césar, y a Dios lo que es de Dios.

Y se quedaron admirados de él».

Marcos 12:13-17, NVI

12. ¿Cómo sería juzgado Jesús hoy en día?

«Vino el Hijo del Hombre, que come y bebe, y dicen: He aquí un hombre comilón, y bebedor de vino, amigo de publicanos y de pecadores. Pero la sabiduría es justificada por sus hijos».

Mateo 11:19, RVR1960

«Luego Leví le ofreció a Jesús un gran banquete en su casa, y había allí un grupo numeroso de recaudadores de impuestos y otras personas que estaban comiendo con ellos. Pero los fariseos y los maestros de la ley que eran de la misma secta les reclamaban a los discípulos de Jesús:

—¿Por qué comen y beben ustedes con recaudadores de impuestos y pecadores?

—No son los sanos los que necesitan médico, sino los enfermos —les contestó Jesús—. No he venido a llamar a justos, sino a pecadores para que se arrepientan».

Lucas 5:29-32, NVI

«Aconteció también en otro día de reposo, que él entró en la sinagoga y enseñaba; y estaba allí un hombre que tenía seca la mano derecha. Y le acechaban los escribas y los fariseos, para ver si en el día de reposo lo sanaría, a fin de hallar de qué acusarle. Mas él conocía los pensamientos de ellos; y dijo al hombre que tenía la mano seca: Levántate, y ponte en medio. Y él, levantándose, se puso en pie. Entonces Jesús les dijo: Os preguntaré una cosa: ¿Es lícito en día de reposo hacer bien, o hacer mal?, ¿salvar la vida, o quitarla? Y mirándolos a todos alrededor, dijo al hombre: Extiende tu mano. Y él lo hizo así, y su mano fue restaurada. Y ellos se llenaron de furor, y hablaban entre sí qué podrían hacer contra Jesús».

Lucas 6:6-11, RVR1960

13. ¿Se enfrentó Jesús a las críticas?

Una advertencia contra la hipocresía

«Después de esto, Jesús dijo a la gente y a sus discípulos: «Los maestros de la ley y los fariseos tienen la responsabilidad de interpretar a Moisés. Así que ustedes deben obedecerlos y hacer todo lo que les digan. Pero no hagan lo que hacen ellos, porque no practican lo que predican. Atan cargas pesadas y las ponen sobre la espalda de los demás, pero ellos mismos no están dispuestos a mover ni un dedo para levantarlas.

Todo lo hacen para que la gente los vea: Usan filacterias grandes y adornan sus ropas con borlas vistosas; se mueren por el lugar de honor en los banquetes y los primeros asientos en las sinagogas, y porque la gente los salude en las plazas y los llame "Rabí".

Pero no permitan que a ustedes se les llame "Rabí", porque tienen un solo Maestro y todos ustedes son hermanos. Y no llamen "padre" a nadie en la tierra, porque ustedes tienen un solo Padre, y él está en el cielo. Ni permitan que los llamen "maestro", porque tienen un solo Maestro, el Cristo. El más importante entre ustedes será siervo de los demás. Porque el que a sí mismo se enaltece será humillado, y el que se humilla será enaltecido».

Siete ayes sobre los maestros de la ley y los fariseos

«¡Ay de ustedes, maestros de la ley y fariseos, hipócritas! Les cierran a los demás el reino de los cielos, y ni entran ustedes ni dejan entrar a los que intentan hacerlo.

¡Ay de ustedes, maestros de la ley y fariseos, hipócritas! Recorren tierra y mar para ganar un solo adepto, y cuando lo han logrado lo hacen dos veces más merecedor del infierno que ustedes.

¡Ay de ustedes, guías ciegos!, que dicen: "Si alguien jura por el templo, no significa nada; pero, si jura por el oro del templo, queda obligado por su juramento". ¡Ciegos insensatos! ¿Qué es más importante: el oro, o el templo que hace sagrado al oro? También dicen ustedes: "Si alguien jura por el altar, no significa nada; pero, si jura por la ofrenda que está sobre él, queda obligado por su juramento". ¡Ciegos! ¿Qué es más importante: la ofrenda, o el altar que hace sagrada la ofrenda? Por tanto, el que jura por el altar jura no solo por el altar, sino por todo lo que está sobre él. El que jura por el templo jura no solo por el templo, sino por quien habita en él. Y el que jura por el cielo jura por el trono de Dios y por aquel que lo ocupa.

¡Ay de ustedes, maestros de la ley y fariseos, hipócritas! Dan la décima parte de sus especias: la menta, el anís y el comino. Pero han descuidado los asuntos más importantes de la ley, tales como la justicia, la misericordia y la fidelidad. Debían haber practicado esto sin descuidar aquello. ¡Guías ciegos! Cuelan el mosquito, pero se tragan el camello.

¡Ay de ustedes, maestros de la ley y fariseos, hipócritas! Limpian el exterior del vaso y del plato, pero por dentro están llenos de robo y de desenfreno. ¡Fariseo ciego! Limpia primero por dentro el vaso y el plato, y así quedará limpio también por fuera.

¡Ay de ustedes, maestros de la ley y fariseos, hipócritas!, que son como sepulcros blanqueados. Por fuera lucen hermosos, pero por dentro están llenos de huesos de muertos y de podredumbre. Así también ustedes, por fuera dan la impresión de ser justos, pero por dentro están llenos de hipocresía y de maldad.

¡Ay de ustedes, maestros de la ley y fariseos, hipócritas! Construyen sepulcros para los profetas y adornan los monumentos de los justos. Y dicen: "Si hubiéramos vivido nosotros en los días de nuestros antepasados, no habríamos sido cómplices de ellos para derramar la sangre de los profetas". Pero así quedan implicados ustedes al declararse descendientes de los que asesinaron a los profetas. ¡Completen de una vez por todas lo que sus antepasados comenzaron!

¡Serpientes! ¡Camada de víboras! ¿Cómo escaparán ustedes de la condenación del infierno? Por eso yo les voy a enviar profetas, sabios y maestros. A algunos de ellos ustedes los matarán y crucificarán; a otros los azotarán en sus sinagogas y los perseguirán de pueblo en pueblo».

Mateo 23:1-34, NVI

Ay de los fariseos y los abogados

«Luego que hubo hablado, le rogó un fariseo que comiese con él; y entrando Jesús en la casa, se sentó a la mesa. El fariseo, cuando lo vio, se extrañó de que no se hubiese lavado antes de comer. Pero el Señor le dijo: Ahora bien, vosotros los fariseos limpiáis lo de fuera del vaso y del plato, pero por dentro estáis llenos de rapacidad y de maldad. Necios, ¿el que hizo lo de fuera, no hizo también lo de adentro? Pero dad limosna de lo que tenéis, y entonces todo os será limpio.

Mas ¡ay de vosotros, fariseos! que diezmáis la menta, y la ruda, y toda hortaliza, y pasáis por alto la justicia y el amor de Dios. Esto os era necesario hacer, sin dejar aquello. ¡Ay de vosotros, fariseos! que amáis las primeras sillas en las sinagogas, y las salutaciones en las plazas. ¡Ay de vosotros, escribas y fariseos, hipócritas! que sois como sepulcros que no se ven, y los hombres que andan encima no lo saben.

Respondiendo uno de los intérpretes de la ley, le dijo: Maestro, cuando dices esto, también nos afrentas a nosotros. Y él dijo: ¡Ay de vosotros también, intérpretes de la ley! porque cargáis a los hombres con cargas que no pueden llevar, pero vosotros ni aun con un dedo las tocáis. ¡Ay de vosotros, que edificáis los sepulcros de los profetas a quienes mataron vuestros padres! De modo que sois testigos y consentidores de los hechos de vuestros padres; porque a la verdad ellos los mataron, y vosotros edificáis sus sepulcros. Por eso la sabiduría de Dios también dijo: Les enviaré profetas y apóstoles; y de ellos, a unos matarán y a otros perseguirán, para que se demande de esta generación la sangre de todos los profetas que se ha derramado desde la fundación del mundo, desde la sangre de Abel hasta la sangre de Zacarías, que murió entre el altar y el templo; sí, os digo que será demandada de esta generación. ¡Ay de vosotros, intérpretes de la ley! porque habéis quitado la llave de la ciencia; vosotros mismos no entrasteis, y a los que entraban se lo impedisteis».

Lucas 11:37-52, RVR1960

14. ¿Estaba Jesús harto de la política?

Los trabajadores son pocos

«Jesús recorría todos los pueblos y aldeas enseñando en las sinagogas, anunciando las buenas nuevas del reino, y sanando toda enfermedad y toda dolencia. Al ver a las multitudes, tuvo compasión de ellas, porque estaban agobiadas y desamparadas, como ovejas sin pastor. «La cosecha es abundante, pero son pocos los obreros —les dijo a sus discípulos—. Pídanle, por tanto, al Señor de la cosecha que envíe obreros a su campo».

Mateo 9:35-38, NVI

«Porque el Hijo del hombre vino a buscar y a salvar lo que se había perdido».

Lucas 19:10, NVI

Notas

1. Taylor Clark, *Nerve: Poise Under Pressure, Serenity Under Stress, and the Brave New Science of Fear and Cool* (Nueva York: Little, Brown, 2011), pp. 100-101.
2. Clark, *Nerve*, pp. 100-101.
3. Alan Mozes, «Traffic Jams Harm the Heart», HealthDay, 13 de marzo de 2009, https://consumer.healthday.com/cardiovascular-and-health-information-20/heart-attack-news-357/traffic-jams-harm-the-heart-624998.html.
4. Un sacramento es un regalo del Señor a su pueblo.
5. Un sacrificio es un regalo del pueblo al Señor.
6. Hay momentos de sacrificio durante la cena. Ofrecemos oraciones, confesiones y acciones de gracias como sacrificio. Pero estos son sacrificios de acción de gracias por una salvación ya recibida, no sacrificios de servicio por una

salvación deseada. No decimos: «Mira lo que he hecho».
En cambio, con asombro, miramos a Dios y adoramos lo
que él hizo.

7. Romanos 8:34.
8. Lucas 12:37.
9. Apocalipsis 1:5.
10. Mateo 26:46, énfasis añadido.
11. Mateo 26:59.
12. Mateo 26:33.
13. Mateo 26:50.
14. Mateo 26:15.
15. Mateo 26:48-49.
16. Santiago 1:2, énfasis añadido.
17. Mateo 26:64.
18. Juan 18:36.
19. Mateo 26:53.
20. Hebreos 13:5.

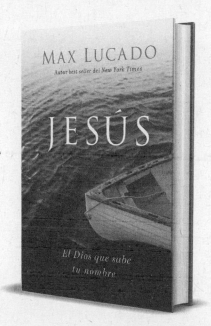

No se requiere dinero.
Paga con amor.

Selecciona uno de cada artículo disponible para tu pedido.

Textea para oración o positivismo

¿Hay algo en tu vida que pudiera necesitar un poco de oración o apoyo? Textea 'Oración' o 'Positivismo' al número a continuación para que uno de nuestros voluntarios ore por ti o simplemente te envíe palabras de apoyo.

(833) 201-3790

Lee sobre Jesús

¿Quieres leer más sobre Jesús, pero no sabes por dónde empezar? Prueba estos planes de lectura fáciles.

Plan de lectura 1

Plan de lectura 2

Plan de lectura 3

Conéctate

Conéctate con alguien cerca de ti que puede ayudarte a aprender más sobre Jesús y su vida o únete a un grupo donde puedes traer tus preguntas sobre la vida y la fe.

Conéctate con alguien de tu localidad.

Explora tus preguntas en un grupo.

¿HAS LEÍDO ALGO BRILLANTE Y QUIERES CONTÁRSELO AL MUNDO?

Ayuda a otros lectores a encontrar este libro:

- Publica una reseña en nuestra página de Facebook @GrupoNelson

- Publica una foto en tu cuenta de redes sociales y comparte por qué te agradó.

- Manda un mensaje a un amigo a quien también le gustaría, o mejor, regálale una copia.

¡Déjanos una reseña si te gustó el libro! ¡Es una buena manera de ayudar a los autores y de mostrar tu aprecio!

 Visítanos en
GrupoNelson.com
y síguenos en
nuestras redes sociales.